Oscar Ewald
Die französische Aufklärungsphilosophie

Ewald, Oscar: Die französische Aufklärungsphilosophie.
Hamburg, SEVERUS Verlag 2011.
Nachdruck der Originalausgabe von 1924.

ISBN: 978-3-86347-044-9
Druck: SEVERUS Verlag, Hamburg 2011

Der SEVERUS Verlag ist ein Imprint der Diplomica Verlag GmbH.

Bibliografische Information der Deutschen Nationalbibliothek:
Die Deutsche Nationalbibliothek verzeichnet diese Publikation in der Deutschen Nationalbibliografie; detaillierte bibliografische Daten sind im Internet über http://dnb.d-nb.de abrufbar.

© **SEVERUS Verlag**
http://www.severus-verlag.de, Hamburg 2011
Printed in Germany
Alle Rechte vorbehalten.

Der SEVERUS Verlag übernimmt keine juristische Verantwortung oder irgendeine Haftung für evtl. fehlerhafte Angaben und deren Folgen.

INHALTSVERZEICHNIS

	Seite
EINLEITUNG	7—14
WESEN UND WERDEN DER FRANZÖSISCHEN AUFKLÄRUNGSPHILOSOPHIE	15—28
Der Geist des Rokoko	16
Englische Einflüsse	19
Methode der Analyse	21
Montaigne und Charron	22
Bayle	24
Grundelemente	25
Phasen	27
CONDILLAC UND DER SENSUALISMUS	29—44
Condillacs Persönlichkeit	29
Theorie des Gedächtnisses	31
Wert der Hypothese	33
Sensation und Reflexion	35
Inhalt und Ausdruck der Erkenntnis	39
Cabanis	42
Destutt de Tracy	43
MONTESQUIEU	45—53
Persönlichkeit	45
Kulturphilosophie	48
Mechanische und organische Geschichtsauffassung	51
Moralischer Relativismus	53
VOLTAIRE	54—68
Persönlichkeit	54
Schicksale und Hauptwerke	55
Kampf gegen die Kirche	59
Bekämpfung des Atheismus	61
Das Seelenproblem	63
Naturphilosophie	64
Ethik	65
Kultur- und Geschichtsphilosophie	65
DIE ENZYKLOPÄDISTEN	69—92
1. Diderot	70—76
Entwicklung	70
Theismus, Deismus, Pantheismus	71
Materialismus und Panpsychismus	74
2. D'Alembert	76—87
Persönlichkeit	76
Erkenntnislehre	78
Metaphysik	81
Das Unendlichkeitsproblem	82
Moral	85
Wissenschaftslehre	86
Verhältnis zu Kant	87

	Seite
3. Die Enzyklopädie	87—92
Gesamtplan des Werkes	88
Bedeutung des Werkes	91

KULTUR- UND GESELLSCHAFTSPHILOSOPHIE . . . . 93—105

Turgot	94
Condorcet	96
Volney	97
Morelly	99
Mably	101
Vauvenargues	102
Galiani	103
Duclos	104

NATURPHILOSOPHIE . . . . 106—111

Maupertuis	106
Buffon	107
Robinet	109
Bonnet	110

DER MATERIALISMUS . . . . 112—136

1. Der anthropologische Materialismus (Lamettrie)	113—122
Stoff und Form	114
Materie und Bewußtsein	116
Moral	119
Antitheologie und -teleologie	120
2. Der ethische Materialismus (Helvetius)	122—129
Wesen des Geistes	125
Wert der Gesetzgebung	127
3. Der systematische Materialismus (Holbach)	129—136
Naturalismus, Positivismus, Materialismus	130
Universeller Mechanismus	132
Kritik des Theismus	134

ROUSSEAU . . . . 137—153

Persönlichkeit und Schicksale	137
Kulturproblem	142
Entstehung der Ungleichheit	144
Gesellschaftsvertrag und Allgemeinwille	145
Souveränität des Volkes	147
Natürliche Erziehung	148
Seele und Gott	150
Doppelsinn des Naturbegriffes	152

ABSCHLUSS . . . . 154—158

Rationalismus und Idealismus	154
Aufklärung und Revolution	157

BIBLIOGRAPHISCHER WEGWEISER . . . . 159—160

ANMERKUNGEN . . . . 161—168

EINLEITUNG

Mit dem Ausgang des Mittelalters und der Renaissance setzt eine Denkrichtung ein, die für die Erkenntnis der Welt keine andere Autorität gelten lassen will als die der Vernunft. Ihr Verhältnis zu den positiven Religionen ist im allgemeinen noch nicht das des Kampfes oder der Ablehnung, sie will sich zunächst auf eine Abgrenzung der Interessensphäre verstehen. Es gibt dieser Auffassung gemäß Glaubenswahrheiten und Vernunftwahrheiten, und an den wichtigsten Punkten werden beide wohl zur Deckung kommen. Man respektiert — zum Teil ehrlich, zum Teil der äußeren Form nach — die herrschende Religion und beansprucht zum Entgelt dafür, daß sie einem nicht die Kreise des reinen Denkens störe. Ganz einheitlich durchgeführt wird dieses Prinzip nicht, aber dessenungeachtet ist seine Wirkung eine einheitliche: die Erstarkung der Vernunft als der alleinigen Wurzel der Erkenntnis. Diese geistige Strömung erreicht ihren Höhepunkt an der Grenzscheide des 18. und 19. Jahrhunderts, reicht jedoch in ihren Auswirkungen bis tief in die Gegenwart hinein. Mannigfache Einflüsse, kritische Systematik, Skepsis, ja sogar Mystik vereinigen sich zu diesem Erfolg. Was zunächst die Mystik anbelangt, die hier an letzter Stelle genannt wurde, so hat sie einmal zur Auflösung der Dogmatik beigetragen, indem sie den Schwerpunkt des religiösen Seins anderswohin verlegte; sodann aber hat gerade sie das eigene, innere Leben der Seele vor allem betont und so den Schwerpunkt in sie hineingerückt: dermaßen hat sie den Grund zum Prinzip der Autonomie und Freiheit gelegt, dessen Entfaltung auch dem Ansehen der Vernunft bald zugute kommen mußte. Die Skepsis hat den Widerspruch zwischen Vernunft und Glauben aufgedeckt und, wenn sie den Streit nicht ganz unentschieden ließ, ihn zunächst zugunsten des Glaubens entschieden. Aber sie tat es doch so, daß sie dabei alle Energien des vernünftigen Denkens in Bewegung setzte, ihm also immer mehr den Mut zu sich selber gab. So konnte das Endergebnis kein anderes sein, als daß zum Schlusse die Vernunft die Oberhand gewann. Indem diese dann kritisch mit allem abräumte, was seine Existenz vor ihr nicht zu rechtfertigen vermochte, und sich schöpferisch am Aufbau großer, universaler Weltsysteme betätigte, erstarkte sie so weit, daß sie zuletzt die uneingeschränkte Alleinherrschaft in Anspruch nahm, sich der Theologie in gar keiner Weise anbequemte und gar nicht mehr um ein gutes Einvernehmen mit ihr bemüht war, sondern ihr jeden Raum abzugewinnen trachtete; am Ende diese feindliche Haltung von der theologischen, kirchlichen, dogmatischen Verkörperung auf die Religion im allgemeinen übertragend. Dies sind die einzelnen Stadien des Weges, der zur Aufklärung und durch sie hindurchführt[1].

Wir haben die neue Weltansicht nunmehr in ihren Grundelementen zu charakterisieren. Sie ist intellektualistisch und im Zusammenhang damit objektivistisch orientiert. Das Weltbild des Altertums und des Mittelalters war ein vorwiegend anthropomorphes gewesen. Die Natur war hier ichhaft, willenshaft, als ein Komplex von Substanzen aufgefaßt, die mit inneren Kräften und Eigenschaften — *qualitates occultae* — ausgestattet wurden. Auch die Renaissance stand — in Bruno, Paracelsus, ja sogar Bacon — noch im Banne dieser Auffassung, deren sichtbarstes Zeugnis die Teleologie, die Lehre von den Zweckursachen war, die erst nach und nach durch den fortschreitenden Mechanismus überwunden wurde. Der Zweck steht in engster Beziehung zum Willen; soll die Natur entselbstet werden, dann muß man aus ihr zunächst den Zweck heraustreiben und an Stelle des teleologischen Prinzips das der Kausalität setzen. Indessen auch das Verhältnis von Ursache und Wirkung muß noch gereinigt werden, und zwar vom Kraftbegriffe. Kraft ist entweder ein leeres Wort oder eine Analogie zum Willen. Ähnliches gilt schließlich für die Substanz, die, als das im Zeitgeschehen Beharrende, ihr Urbild im Selbst, in der Identität des Ichbewußtseins hat. Zweck ist Hineinnahme der Zukunft in die Gegenwart, Kraft ist Hineinwirken eines Vergangenen in die Gegenwart, Substanz ist Durchdringung von Vergangenheit und Zukunft durch eine ruhende Gegenwart; eine Überwindung der Zeit kennen wir indessen bloß in der Form des Bewußtseins, also des Subjektes; und so begreifen wir, daß die Philosophie der Aufklärung, der es auf Grundlegung des Objektes durch Ausschaltung des Anthropomorphismus ankam, nicht bloß dem metaphysischen Prinzip des Zweckes und der Kraft, sondern auch dem der Substanz die Axt an die Wurzel legen mußte.

Diese objektivistische Tendenz ist aus der neuen Stellung des philosophischen Gedankens zur Welt erklärlich. Das Altertum war universalistisch gerichtet; es ging vom Weltganzen aus, das sich ihm erst nachträglich in Subjekt und Objekt zerlegte; mit dem Christentum vollzieht sich die Hinwendung zum Ich, die das Mittelalter bis zur Einseitigkeit beherrscht; die Renaissance leitet das Zeitalter des Objekts ein; das Zeitalter des Eindringens in den Stoff der Außenwelt; das Zeitalter der Astronomie und Erdkunde; das Zeitalter der Entdeckungen und Erfindungen; das Zeitalter der Plastik, der Architektur, der naturalistischen Menschendarstellung in Poesie, Geschichte, Rechts- und Staatslehre; das Zeitalter der mathematischen Mechanik, der mechanischen Physik; das Zeitalter des Kopernikus, Bruno, Kolumbus, Shakespeare, Machiavelli, Galilei, Newton. Und wie die Ichbestimmtheit das Mittelalter zum Subjektivismus geführt hatte, so die Objektbestimmtheit die neue Zeit zum Objektivismus; zu jener Methode, die die Objektkategorien naiv auf das Seelisch-Geistige anwendet. Dieser Objektivismus vor allem verleiht der Aufklärung ihr Gepräge. Sie ist dadurch gekennzeichnet, daß sie Seele, Gesellschaft, Staat, Geschichte denselben Grundbegriffen unterwirft, die sie auf die materielle Wirklichkeit anwendet, und denen sie ihre großen Erfolge auf diesem Gebiete verdankt [2].

Der Objektivismus erscheint nun zugleich als Intellektualismus. Auch das ist unschwer einzusehen. Es gibt kein Seelenvermögen, das in solchem Maße die Macht der Entpersönlichung besitzt wie der Intellekt. Seine Funktion ist die der Verallgemeinerung. Er strebt nach höchsten, allgemeinsten Begriffen und Gesetzen. Solchen einheitlichen Begriffen und Gesetzen kann aber bloß dasjenige unterworfen werden, was seiner Beschaffenheit nach gleichartig ist; und es kann ihnen um so restloser unterworfen werden, je gleichartiger es in seiner Beschaffenheit ist. Darum ist der abstrakte Intellekt bestrebt, das Eigenartige,

Individuelle aus den Erscheinungen zu löschen und sie in letzte, konforme Wesenselemente aufzulösen. Sein abstrahierendes Verfahren — einerlei, wie man sich dasselbe des Näheren denke — ist zugleich ein analytisches, atomisierendes Verfahren. Aus diesem Grunde ist die Mathematik das eigentliche Feld seiner Betätigung. Hier nämlich erschafft sich das Gesetz selbst seinen adäquaten Gegenstand in den arithmetischen und geometrischen Werten. Oder, wie Kant es ausgedrückt hat: Mathematik ist Erkenntnis durch Konstruktion aus Begriffen. Anders verhält es sich mit den Erkenntnisgebieten, deren Gegenstand ein Stück äußerer oder innerer Wirklichkeit ist, also mit den Natur- und Geisteswissenschaften. Bei ihnen fallen Gegenstand und Gesetz von vornherein auseinander, und ihr Bestreben muß es daher sein, sie möglichst nahe aneinander zu bringen. Und zu diesem Zwecke lösen sie den Gegenstand — es sei, welcher immer — in einfachste Elemente, in Atome, auf. So verstehen wir einerseits, daß das höchste Erkenntnisideal der Aufklärung das mathematische ist; und daß sich andrerseits dies Ideal in ihrer Tendenz zur Atomistik kundgibt. Die Atome, die materiellen und die seelischen, sind dem ihrer sich bedienenden Philosophen, Physiker, Psychologen — ob er sich hierüber Rechenschaft gebe oder nicht — weniger reale Größen als Rechenmünzen, die er einsetzt, um ein von allen individuellen Schwankungen und Vielfältigkeiten nach Möglichkeit unabhängiges Resultat zu erhalten. Darin also ist zugleich die Funktion der Entpersönlichung gelegen. Daß die Mathematik diese in höchstem Maße erfüllt, bedarf nicht erst der Betonung. Ist sie doch die objektivste, ichfernste und ichfremdeste aller Disziplinen. Ein Zeitalter, das sie zur Universalmethode erweitert, ist darum ein im hohen Maße objektivistisches. In ihr ist nämlich jeder Rest des Seelisch-Menschlichen ausgetilgt; sie kennt nicht Zwecke, noch Kräfte, noch Substanzen, sondern ausschließlich einen alles umspannenden logischen Funktionalismus. Dies bekundet sich, wie wir soeben sahen, im Atomismus, der ja, als ein allgemeines Weltrechnungssystem, eine Folge und Ausdrucksform der mathematischen Methodik ist. So sehen wir Intellektualismus, Objektivismus, Mechanismus und Atomismus im entscheidenden Punkte zusammenhängen.

Diese Betrachtungsart blieb indessen nicht auf die Erforschung und Erklärung der Außenwelt beschränkt; sie übertrug sich auch auf das innere Sein und erweiterte sich dermaßen zur Weltanschauung. Die Psychologie wurde dadurch in eine Mechanik des Seelenlebens verwandelt. Das Ich ward in eine Summe wesensgleicher Vorstellungselemente aufgelöst, die untereinander nach rein äußerlichen Regeln und Gesetzen der Verknüpfung zusammenhängen sollen. Damit ist das Programm der Assoziationspsychologie in wenigen Worten umschrieben.

Der Begriff der Assoziation ist einerseits dem Bild der mechanistischen Atomistik, andrerseits dem der menschlichen Gesellschaft entnommen. Es ist eine durchgehende Wechselbeziehung zwischen diesen Inhalten. Wie die mechanische Naturphilosophie das Ganze der Natur aus kleinsten Teilen, Atomen und Molekülen aufbaut, setzt die Assoziationstheorie die Einheit des Ichs aus Elementen der Empfindung und Vorstellung zusammen, konstruiert die Lehre vom Gesellschaftsvertrag den Staat aus den Einzelindividuen als ihren Bausteinen.

Seine Krönung erhält dieser rationale Mechanismus in dem Gottesbegriffe, in dem der Plan des ganzen Gedankenbaues am sichtbarsten in Erscheinung tritt. Der Weltprozeß soll, wie unsere Darstellung zeigt, hier in ein System von Gleichungen aufgelöst, er soll auf eine universale Grundgleichung zurückgeführt werden, was allein dadurch möglich ist, daß der Kosmos als eine ungeheure Weltmaschine erscheint; bloß unter dieser Voraussetzung ist ja die mechanische Methode schrankenlos auf ihn anwendbar. Hier begegnen wir weiter zwei Hauptrichtungen; einer materialistischen, die bei der Maschine stehen bleibt; einer theistischen, oder, wie sie jetzt, nach Ersatz der Offenbarung durch Vernunftreligion, heißt, einer deistischen, der die keiner Verbesserung von außen bedürftige Vollkommenheit der Weltmaschine ein Beweis für die Vollkommenheit ihres Urhebers, des göttlichen Werkmeisters, ist. In Newton gipfelt diese Auffassung. Hier läßt sich am deutlichsten durch einen Akt der Rückschau der Weg durchmessen, den die Philosophie seit dem Zeitalter der Renaissance zurückgelegt hat. Diesem galt das Universum als ein Organismus oder als ein Kunstwerk; der Aufklärung wird es zu einem in all seinen Bestandteilen untadelhaft funktionierenden Mechanismus.

Das ist in den Grundlinien das Weltbild der Aufklärung, zu dem die philosophische Entwicklung des 17. und 18. Jahrhunderts folgerichtig hinleitet. Sein wichtigstes Merkmal ist das Ideal der objektiven Gesetzmäßigkeit. Als wertvoll und wirklich gilt ihm das Allgemeine, Typische, schrankenlos Wiederholbare, das in Schema, Regel, Gesetz zu Fassende. Dem Individuellen, Einzigartigen, Unvergleichbaren und Unwiederholbaren gönnt es keinen Raum. Sein Prinzip ist das der absoluten Ordnung; es bevorzugt die Form vor dem Inhalte. Formale Logik, Mathematik, Mechanik sind seine Erkenntnismittel; die abstrakte Identität, die Zahl, das Atom, die reine Bewegung die Elemente seiner Erkenntnis; Gegenstand derselben ist das Wirkliche, das heißt die Weltmaschine.

Es fehlt allerdings auch nicht an tieferen Unterströmungen der Aufklärung, an solchen, die noch deutlich von der Renaissance herkommen. Hier hat sich eine lebendigere Anschauung und Vorstellung des Weltalls, der Gottheit, der Natur, des Menschen erhalten. Die wichtigste Linie des Gedankens, die hier ins Auge gefaßt werden soll, geht von Giordano Bruno, Jakob Böhme, Paracelsus über Leibniz, Shaftesbury bis zu Rousseau und über ihn hinaus. So verschiedenartig diese Persönlichkeiten sind, gemeinsam ist ihnen der stillschweigende oder ausgesprochene Protest gegen den Mechanismus. Sie glauben an eine höhere Ordnung der Dinge als die mechanische, nämlich eine lebendige, geistige, wie sie sich der religiösen, sittlichen und künstlerischen Auffassung erschließt. Aber die meisten dieser antimechanistischen Richtungen stimmen doch mit der von ihnen bekämpften wieder in einem sie umspannenden, allgemeineren Prinzip, nämlich dem des Naturalismus überein. Sein leitender Grundsatz lautet: Die natürliche Ordnung der Dinge ist zugleich die vernünftige und göttliche, und die vernünftige und göttliche ist zugleich die natürliche[3]. Dies ist die eigentliche, ganz zentrale Formel der Aufklärung, in der unverkennbar antike, heidnische Einflüsse, namentlich solche der griechischen und der römischen Stoa, nachwirken, und die nicht starr gefaßt werden darf, sondern einen nicht geringen Grad von Elastizität besitzt. Es kommt darauf an, was man unter Vernunft versteht; an den mannigfachen Abwandlungen dieses und dementsprechend auch des Naturbegriffes lassen sich die einzelnen Phasen des Aufklärungsprozesses bestimmen. Eine andere Bedeutung besitzt Vernunft für Descartes, Hobbes, Locke, Leibniz und Kant; sie besitzt auch nicht dieselbe für Voltaire, für Montesquieu, für Holbach und für Rousseau. Aber je reiner die Aufklärung ihren Charakter ausprägt, um so mehr durchdringen einander die Begriffe von Vernunft und Natur in ihr, um so mehr verschwindet die Distanz, und zwar in dem Sinne, daß das Richtung gebende Prinzip nicht das der Vernunft, sondern das der Natur ist. Von ihr aus vollzieht sich die Ordnung und der Aufbau der Welt. Und darum ist die Aufklärung mit all ihrer Rationalität durch und durch Naturalismus. Das ist das einigende Band zwischen all ihren Vertretern, so verschiedenartig, ja gegensätzlich sie sich sonst zueinander verhalten mögen: zwischen Locke und Shaftesbury, zwischen Spinoza und Hume, zwischen Voltaire und Rousseau. Über den Naturalismus ist sie nicht hinweggelangt. Das prägt sich erkenntnistheoretisch in ihrer sensualistischen Richtung, metaphysisch in ihrer Tendenz aus, die Grenzen zwischen materiellem und geistigem Sein zu verwischen. Wie die tiefsten Triebfedern der Philosophie aber ethische sind, so ist auch die Ethik der Aufklärung besonders entsiegelnd für ihre Grundtendenz. Sie leugnet auch hier und hier vor allem den polaren Gegensatz. Sie stellt sich nicht jenseits von Gut und Böse, allein sie sucht den Dualismus von innen her aufzuheben, indem sie ihn zu einem bloßen Unterschied des Grades herabdämpft. Überall bekundet sie die Neigung, sämtliche sittlichen Äußerungen des Menschen auf egoistische Triebfedern zurückzuführen; auch seine Tugenden sollen lediglich ein verfeinerter Egoismus, jedenfalls aber ein Resultat des Naturtriebes sein. Der Fortschritt besteht darin, daß er letzteren besser verstehen und verwerten lernt.

Man kann die Weltanschauungen am besten und einfachsten in solche „von oben" und in solche „von unten" einteilen. Die Weltanschauungen „von oben" sind die idealistischen und spiritualistischen. Die Weltanschauungen „von unten" sind die sensualistischen und materialistischen. Jene bedienen sich gern der Deduktion und Spekulation, diese der Induktion und konkreten Empirie. Jene erklären die

Materie aus dem Geiste, die niederen Erscheinungsformen des Seins und des Lebens aus den höheren, diese gehen umgekehrt vor. Die Weltansichten der Aufklärung sind im allgemeinen Weltansichten „von unten". Namentlich von der französischen Aufklärung gilt das, und wir werden sie von diesem Gesichtspunkte aus am besten verstehen.

WESEN UND WERDEN DER FRANZÖSISCHEN AUFKLÄRUNGSPHILOSOPHIE

Es wurde gezeigt, daß es durchgehende Merkmale der Aufklärung gibt, was indessen nichts daran ändert, daß sie sich nicht völlig in der gleichen Weise in den verschiedenen Ländern, also zumal in England, Frankreich und Deutschland abspielt. Und zwar muß in zweifacher Hinsicht differenziert werden: einmal, sofern der sachliche Gehalt der Lehren, sofern Form, Methode und Stil der Darstellung doch unverkennbare Unterschiede aufweisen; dann, sofern ihr Verhältnis zu ihrem Ursprungslande und dessen geistiger Kultur variiert. Am einheitlichsten und organischesten vollzieht sich der Prozeß in England, was zweifellos damit zusammenhängt, daß er von hier überhaupt seinen Ausgang genommen hat. Die Tendenz der Rationalisierung und Mechanisierung ist dem englischen Wesen ja in hohem Maße eigen; und so kann dieser Nation nicht der Ruhm abgesprochen werden, wie in so vielen anderen Dingen, so in der Aufklärung den Weg gewiesen zu haben, wenngleich sie freilich auch an allen Schattenseiten dieses Ruhmes teilnimmt und überdies, was Vertiefung und Gründlichkeit anbelangt, hinter der deutschen, was Eleganz, Schärfe und werbende Kraft betrifft, hinter der französischen Nation zurücksteht.

Das Organische und Natürliche des Aufklärungsprozesses in England ist darin gegeben, daß er ganz in der Linie des englischen Denkens liegt und sogar einen Höhepunkt desselben bezeichnet.

Ansätzen in dieser Richtung begegnen wir schon im Mittelalter bei Duns Scotus Roger Baco, Wilhelm Occam; noch viel entschiedeneren Wendungen an der Schwelle der neuen Zeit bei Bacon von Verulam, Herbert von Cherbury, Thomas Hobbes; die eigentliche Aufklärung setzt in Locke und Newton ein, um in David Hume zu gipfeln. Was es sonst auf britischem Boden an philosophischen Motiven gibt, ist abseits von dieser Linie gelegen.

Anders in Deutschland; hier wird die Aufklärung nicht so ganz von innen herausgebildet. Fremde Einflüsse sind hier mächtig, und es bedarf einer außerordentlichen gedanklichen Energie, um sie zu verarbeiten und anzueignen. Zweimal gelingt dies in großartiger Weise; einmal in Leibniz, dann in Kant; wo der schöpferische Impuls nachläßt, wie in der Zwischenepoche, dort erfolgt ein fast jäher Absturz des Gedankens in die dürren Niederungen der Popularphilosophie, aus denen sich bloß vereinzelte Gipfel (Wolff, Crusius, Lessing) zu achtbarer, aber doch nicht überragender philosophischer Höhe erheben.

Wieder anders in Frankreich. Auch hier erfolgt der Anstoß von außen, von englischer Seite. Aber er regt das Denken nicht so zu elementarer Entfaltung an wie in Deutschland. Die französische Aufklärung hat keinen Philosophen von annähernd der Bedeutung Leibniz' oder Kants hervorgebracht; aber auch nicht von der Lockes oder Newtons; und schließlich auch nicht von der des Descartes, Malebranche oder Pascal. Dennoch wäre es eine irrige Annahme, Frankreich sei hier — weil die schöpferische Phase seiner Philosophie hinter dem 18. Jahrhundert zurückliegt — völlig in eine fremde Einflußsphäre geraten. Wenn auch durch englische Vorbilder angeregt und in die Wege geleitet, ist die französische Aufklärung eine durchaus nationale Erscheinung, ebenso national wie die in ihre Spuren tretende Revolution. Voltaire ist Franzose durch und durch, nicht minder als Bossuet oder Corneille. Gleiches gilt, wenn auch etwas eingeschränkt, von d'Alembert, Diderot, Montesquieu, Helvetius. Der Anteil, den die drei großen Kulturnationen an der Aufklärung nehmen, ist also der folgende: sie verdankt England ihre Grundlegung, Deutschland ihre Vertiefung, Frankreich den Ausdruck und die Stoßkraft.

Es fixiert sich hier zugleich ein neuer Typus des französischen Wesens, der, im 16. Jahrhundert freilich durch Montaigne und Charron bereits angedeutet, dann durch den Klassizismus zurückgedrängt wird und schließlich im Verlauf des 18. Jahrhunderts immer reiner heraufkommt[4]. In Voltaire, in Montesquieu, in Diderot triumphiert der *esprit* über den Tiefsinn, die leichtbeschwingte Grazie der

Phantasie über den schwerblütigen Hang der metaphysischen Spekulation[5]. Die Kultur des Rokokos prägt sich auch im Stile des Denkens aus; in der Überlegenheit der Form über den Inhalt, in der spielenden Beherrschung des Materials bei gleichzeitiger Verarmung desselben. Der Metaphysiker wird diese Philosophie und Weltanschauung als flach und dürftig empfinden, was sie auch ist, wenn man sie von dem allgemeinen Lebensgrunde ablöst, auf dem sie ruht. Das ist aber eine einseitige Betrachtungsweise; man kann jene nicht von der Atmosphäre isolieren, in der sie sich entwickelt hat, von der mit den feinsten Elementen einer dünnen, aber anmutigen Geistigkeit durchsetzten Atmosphäre des französischen Salons, der damals zu welthistorischer Bedeutung emporwachsen sollte.

Nein, man darf die Geistigkeit dieser Epoche nicht allzu gering bewerten, auch wenn es feststeht, daß sie der systematischen Philosophie wenig Neues gebracht und über den britischen Empirismus hinaus keinen entscheidenden Schritt getan hat. Dennoch hat sie das menschliche Geschlecht um einige sehr interessante Denkerphysiognomien bereichert. Man muß vor allem bedenken, daß die Zeit zwei Persönlichkeiten hervorgebracht hat, an denen auch der strenge Philosoph nicht vorbeigehen kann: Voltaire und Rousseau. Voltaire ist auch in der Hinsicht ein abgekürzter Ausdruck der französischen Aufklärung, daß der Stil seines Denkens weit dem Gedankeninhalt überlegen ist: kein noch so getreuer Auszug aus seinen Werken kann deshalb die unmittelbare Wirkung, die von ihnen ausgeht, ersetzen. Verhält es sich auch mit Rousseau nicht völlig gleich, so ist doch der elementare, leidenschaftliche Impuls seines Lebens und Schaffens viel bedeutsamer als dessen logischer Reingehalt. Gerade der Antagonismus beider Erscheinungen hat aber der geistigen Atmosphäre dieser Zeit ihre eigenartige Spannung verliehen. Aber auch Montesquieu, Diderot und namentlich d'Alembert sind keine zu vernachlässigenden Größen. Das Werk des Erstgenannten über den Geist der Gesetze hat durch seinen kühnen Naturalismus einen tiefgreifenden Einfluß geübt und manchen bis dahin unklaren und gehemmten Motiven freie Bahn geschaffen. Der mathematische und naturwissenschaftliche Positivismus d'Alemberts mit seiner gleichartigen Durchdringung geometrischer, physikalischer und erkenntnistheoretischer Probleme ist für die Folgezeit wichtiger geworden und nimmt einen größeren Teil verwandter Denkrichtungen des 19. Jahrhunderts vorweg, als man in der Regel anzunehmen geneigt ist. Von Diderot ist schließlich — bei geringerer Konzentration auf einen bestimmten Problemkreis und Bemühung, denselben auszuschöpfen — eine Vielfältigkeit von Anregungen ausgegangen, der sich auch unsere großen Klassiker nicht entzogen haben. Es ist ferner an das gemeinsame Unternehmen Diderots und d'Alemberts, die „Enzyklopädie" zu erinnern, die — wie immer man sich im ganzen und im einzelnen zu ihr stelle — auf jeden Fall ein Werk von außerordentlichen Dimensionen ist und eine Wirkung auf die damalige Generation hatte, welche kaum ihres gleichen findet, und von der man wohl sagen kann, daß sie die öffentliche Meinung und herrschende Zeitstimmung in entscheidender Weise, und zwar in der Richtung auf die Revolution hin bestimmt hat. In einigem, aber nicht in allzu weitem Abstand davon ist schließlich das „System der Natur" aus dem Kreise Holbachs zu nennen, das als eine der konsequentesten Darstellungen der materialistischen Lehre seinen Platz behauptet. Erwägen wir schließlich noch, daß derselben Epoche Männer wie Condillac, Bonnet, Robinet, bahnbrechende Naturforscher und Naturphilosophen wie Buffon und Lamarck, Kultur- und Sozialphilosophen angehören wie Turgot und die Physiokraten, Condorcet, Volney, Mably und Morelly, so ist die Ausbeute keineswegs so geringfügig, wie es zunächst vielleicht erscheinen möchte.) Freilich, auf die erhabenen Höhen des Gedankens werden wir wenig geführt, sondern eher in die Breite des praktischen Lebens. Was aber auf der einen Seite als Mangel erscheint, das muß der Aufklärung andererseits als Vorzug und Verdienst angerechnet werden. Wir müssen Hettner Wort für Wort beipflichten, wenn er in seiner „Geschichte der französischen Literatur im 18. Jahrhundert" wie folgt darüber schreibt: „Sie ist nicht Literatur, ausschließlich wieder bloß für den Literaten berechnet, vom Schreibtisch zum Schreibtisch, vom Gelehrten zum Gelehrten, vom Kenner zum Kenner geschrieben, sondern eine Literatur, die mit leidenschaftlichem Eifer sich des höheren Berufes bewußt ist, unmittelbar volksbildend Sitte und Gesellschaft nach den von ihr festgestellten Begriffen umzugestalten[6]." So dürr und abstrakt diese Begriffe nicht mit Unrecht gescholten werden, ihre enge Verbindung mit der konkreten staatlichen, sozialen und kulturellen Realität verleiht ihnen doch wieder ihre Lebendigkeit. Sie haben den Sturz des alten Regimes vorbereitet; sie haben die große Umwälzung in Frankreich und schließlich in ganz Europa herbeigeführt. Die englische Aufklärung ist in ihren Wirkungen doch mehr auf ihr Land beschränkt geblieben; der deutschen vollends gebrach die Kraft aktiver Gestaltung; die französische übte durch die tiefe Umwandlung der öffentlichen Meinung einen unwiderstehlichen Druck auf die öffentlichen Verhältnisse.

Wir müssen nunmehr, soweit dies im Rahmen einer Vorbetrachtung tunlich ist, die einzelnen theoretischen Elemente der französischen Aufklärung herausheben. Was hier vor allem in die Augen fällt, ist die Abhängigkeit vom englischen Denken. Diese Abhängigkeit ist eine der bemerkenswertesten Tatsachen des 18. Jahrhunderts. Hatte der Franzose des 17. Jahrhunderts, geblendet durch den Glanz seiner Fürstenherrlichkeit unter dem „Sonnenkönig", noch geringschätzig auf das britische Eiland geblickt, so verschließt er sich jetzt der kulturellen Überlegenheit desselben nicht mehr. Montesquieu und Voltaire haben auf englischem Boden entscheidende Anregungen erhalten. Indem sie dieselben nach Frankreich übertrugen, lenkten sie die geistige Bewegung dieses Landes in die neuen Bahnen. Der Einfluß Lockes und Newtons wird vorherrschend; so vorherrschend, daß er den der nationalen philosophischen Tradition Descartes', Malebranches, Pascals fast völlig verdrängt. Hier herrscht eine seltene Übereinstimmung im Urteil der namhaften Denker. Descartes wird der Ruhm eines Begründers oder Erneuerers der Philosophie abgesprochen; bloß etwa den skeptischen Ausgangspunkt und seine mathematischen Leistungen läßt man gelten; seine Metaphysik wird als erfahrungsfremde Konstruktion zum alten Eisen geworfen. Noch schlimmer ergeht es Malebranche; Condillac nennt ihn einen Schöngeist[7], und er hat damit das Empfinden seiner Zeit am besten wiedergegeben. Auch gegen Pascal richtet Voltaire heftige Angriffe. Um so höher wird die englische Philosophie gewertet. In seiner bekannten Einleitung zur großen Enzyklopädie feiert d'Alembert den Lordkanzler Bacon als den eigentlichen Urheber moderner Erkenntnis, Wissenschaft und Weltanschauung. Fast uneingeschränkt ist das Lob, das Locke gezollt wird; man darf sagen, daß er der ganzen Epoche ihren Stempel aufdrückt. Eine solche Wirkung ist vorher vielleicht bloß von Aristoteles und Thomas von Aquino, nachher von Kant und von Hegel ausgeübt worden. Außerordentlich ist freilich auch die Newtons, die übrigens gänzlich in der gleichen Richtung liegt. Diese Gemeinsamkeit wird verständlich, wenn wir uns darauf besinnen, daß Frankreich vor allem das analytische, mechanistische Aufklärungsprinzip übernimmt und weiterbildet. Hier sind aber Locke und Newton Lehrer und Wegweiser, jener für die Erkenntnistheorie im allgemeinen, dieser für die Naturphilosophie. Newton zerlegt die materielle Welt in ihre Elemente, die von einem einheitlichen Universalgesetz beherrscht werden. Wesentlich das gleiche unternimmt Locke in der seelisch-geistigen Welt, indem er den absoluten Sensualismus, den Empfindungsmonismus, begründet oder ihn zum mindesten vorbereitet. Newton will die Physik von den dunklen Kräften und Qualitäten reinigen, um in ihr nichts zu belassen als sinnlich nachweisbare und mathematisch errechenbare Beziehungen; ein gleiches Werk der Reinigung nimmt Locke in Erkenntnistheorie und Psychologie in Angriff, indem er den Spuk der angeborenen Vorstellungen und Begriffe aus ihnen hinauszutreiben versucht. Für beide besteht also das Ziel der reinen Erfahrung, deren Zusammensetzung und Aufbau aus möglichst einfachen Bestandteilen versucht wird. Ja bis ins kleinste hinein erstreckt sich der Zusammenhang. Denn, wie wir uns im vorigen Kapitel überzeugten, es ist der Begriff der Assoziation, der unmittelbar auf dem Boden der Lockeschen Erkenntnis- und Seelenlehre erwächst, gar nichts als eine Übertragung des physikalischen Prinzips der Massenanziehung auf die psychischen Vorgänge.

Die französische Aufklärung bleibt durchaus in die Lokkesche Gedankenwelt gebannt, und sie hat in systematisch-philosophischer Hinsicht nicht eben viel über dieselbe hinaus geleistet. Sie folgt, indem sie einige ihrer Konsequenzen zieht, mehr der natürlichen Richtung einer logischen Schwerkraft, als daß sie jene schöpferisch um neue Motive bereichert. Die Bewegung vollzieht sich parallel mit der der englischen Philosophie, nämlich zum reinen Empirismus, Sensualismus, Phänomenalismus, Positivismus;

aber sie vollzieht sich in Condillac, Voltaire, d'Alembert lange nicht mit der gleichen Klarheit und Entschiedenheit wie in Berkeley und Hume. Es ist nicht schwer nachzuweisen, wie Lockes Einfluß bis ins einzelne hineinreicht: in die Methode, die Erkenntnistheorie, die Metaphysik. Die Methode Lockes ist die analytische; er löst sämtliche Bewußtseinskomplexe in ihre ersten, einfachsten Elemente auf; die französische Aufklärung folgt seinen Spuren. Sie hat in d'Alembert und noch mehr in Condillac den methodischen Gesichtspunkt der Analyse auf die Spitze getrieben; hinter dem Prozeß der Auflösung tritt gelegentlich das Interesse an den aufzulösenden Inhalten selber zurück. Das werden wir bei Condillac und der großen Enzyklopädie, dem einflußreichsten Werke der Epoche, finden. Wie die Einzelelemente des Wissens sich aufeinander beziehen, wie sie untereinander zusammenhängen, wie sich an ihnen, gleichsam als ihrem Alphabete, das Ganze der menschlichen Erkenntnis darstellt, darauf richtet sich das Hauptinteresse der französischen Aufklärung. Der Geist der Synthesis fehlt ihr nahezu völlig. Desgleichen ist ihre Erkenntnistheorie gänzlich in Locke verankert, so daß ihre Bewegungsfreiheit dadurch zwar nicht aufgehoben, wohl aber gehemmt erscheint. So kommt es, daß die inneren Widersprüche der Lockeschen Lehre hier noch deutlicher hervortreten, ohne doch ihre Lösung und Versöhnung zu finden. Es war Locke nicht gelungen, die Tatsache der mathematischen Erkenntnis in sein System des reinen Empirismus hineinzuarbeiten. Hier hatten schon für Hobbes Schwierigkeiten bestanden, denen Bacon bloß durch seine Unterschätzung der Mathematik entgangen war [8]. Bei Condillac, zumal bei d'Alembert, tritt der Widerspruch zwischen der Verweisung sämtlicher Erkenntnisse vor die Instanz der Sinneserfahrung und der Höchstwertung der geometrischen und rechnerischen Methode noch deutlicher hervor; die Betrachtung schwankt, wie schon bei Locke, zwischen den Prinzipien des Sensualismus und der rationalen Intuition. Was schließlich die Metaphysik anbelangt, so ist auch hier nahezu auf der ganzen Linie die Vorherrschaft der Lockeschen Philosophie mit ihrer Verknüpfung empiristischer, agnostischer und materialistischer Elemente nachweisbar. Daß es Erkenntnis jenseits der Sinne nicht gibt, ist Gemeingut nahezu sämtlicher Gruppen, Condillacs, Turgots, Voltaires, der Enzyklopädisten, der Naturalisten und Materialisten. Daß sich die Realität nicht innerhalb der Erscheinung begrenzt, ist für sie ein Grundsatz ähnlicher Allgemeinheit; auch hier wird, wie bei Locke und später bei Kant, fast durchweg zwischen Phänomen und Ding an sich unterschieden, welch letzterem freilich nicht immer in apodiktischer, sondern manchmal in bloß problematischer Weise Dasein zugeschrieben wird. So erscheint auch der Umfang des Agnostizismus als ein wechselnder. Bei Voltaire, Condillac, d'Alembert nähert er sich seinem Maximum; bei den Materialisten wird er auf das äußerste eingeschränkt, aber nicht gänzlich zunichte gemacht. Denn das Wesen der Materie wird auch von ihnen zumeist unbestimmt gelassen. Und auch dafür ist, wie ich sagte, Locke Wegweiser gewesen. Hat er doch die Möglichkeit offengelassen, daß die materielle Substanz nicht bloß Trägerin der sinnlichen, sondern auch der seelischen und geistigen Erscheinungen ist[9]!

Das Bild, das wir hier von den Vorbedingungen der französischen Aufklärung entwerfen, wäre aber doch unvollständig, wenn wir es nicht nach einer Richtung ergänzten. So unleugbar es feststeht, daß sie den klassischen Traditionen ihrer eigenen Philosophie untreu wird, bleibt die Tatsache aufrecht, daß deren skeptische Vorläufer, Montaigne, Charron und der schon von Descartes beeinflußte Pierre Bayle, gerade im 18. Jahrhundert bei ihren Volksgenossen zu hohem Ansehen gelangt, und noch mehr, daß sie in den Stoff der neuen Lehren übergegangen sind. Es läßt sich auch leicht zeigen, in welchem Sinne dies geschehen ist. Montaigne und sein Freund und Schüler Charron zeigen in ihren Schriften eine Verbindung von Elementen, die eben für das vorrevolutionäre Zeitalter fruchtbar werden mußten.

Michel M o n t a i g n e (1533—1592), dessen Hauptwerk die berühmten „Essais" sind, und Pierre C h a r r o n (1541 bis 1603) in seiner Schrift „De la sagesse" (über die Weisheit) sind von einem radikalen Zweifel an der menschlichen Erkenntnisfähigkeit sowohl durch die Sinne als auch durch die Vernunft ausgegangen. Diese Skepsis ist aber, so viel Rüstzeug sie der antiken entlehnt, dennoch nicht mit derselben in eine Linie zu setzen; man hat mit Recht hervorgehoben, daß der Pyrrhonismus einen Zustand seelischer und geistiger Erschöpfung und eines daraus hervorgehenden unbedingten Ruhebedürfnisses bezeichnet und dermaßen das Ende der antiken Kultur vorbereitet, dahingegen in den genannten beiden Denkern, die an der Schwelle des neuen Zeitalters stehen, kraftvolle Impulse des Aufbaus und der Gestaltung verspürbar sind[10]; dort ist eben ein Abschluß erreicht, hier ein Anfang gegeben. Montaigne und Charron entscheiden den Streit zwischen Vernunft und Glauben zugunsten des letzteren, und sie wollen darunter den strengen Kirchenglauben verstanden haben. Allein es ist nun merkwürdig, wie sich dies Prinzip ihnen nun gleichsam unter den Händen wandelt; in der Form des göttlichen Gesetzes lebt doch wieder das vernünftige auf, und dieses ist wiederum eins mit dem natürlichen. Gott = Natur = Vernunft, das war schon die Grundgleichung der Stoa gewesen; das wird jetzt die Grundgleichung der Renaissance, und das soll später in noch ausgesprochenerer und entscheidenderer Weise die der Aufklärung werden[11]. Aus solchen stillschweigenden oder ausgesprochenen Voraussetzungen erwächst bei beiden Denkern, bei Montaigne und Charron, eine Reihe höchst lebendiger theoretischer und praktischer Erkenntnisse für die Auffassung der Welt, des Menschen, des Staates, der Gesellschaft. Sie zweifeln an der Schlüssigkeit unserer herkömmlichen Verstandesurteile, weil diese zu eng, zu schmalspurig sind und durch die Fülle und Vieldeutigkeit des Lebens häufig ad absurdum geführt werden. Dem Leben wenden sie sich als echte Kinder der Renaissance mit offenen Organen zu, in ihm sehen sie jene Dreifaltigkeit des Natürlichen, Vernünftigen, Göttlichen verwirklicht, die, wenn sie dem Dogma auch künstlich angepaßt wird und in seinen Farben zu schillern scheint, doch aus einer ganz anderen Region stammt und in sie hinüberweist. So ängstlich die alten Formen hier beibehalten und gerade den vorwitzigen Ansprüchen der weltlichen Wissenschaftlichkeit — die damals freilich noch nicht einmal ihre Kinderschuhe ausgetreten hatte — gegenübergestellt werden, es bricht doch überall eine neue Ordnung der Dinge und Verhältnisse durch. Es sei vornehmlich auf das Erziehungsproblem hingewiesen, das von Montaigne und Charron sehr positiv in Angriff genommen wird, wie denn der erstere schon einige der besten und wirkungsvollsten Gedanken Rousseaus über naturgemäße und freie Erziehung entwickelt hat. Eine wesentlich andere Physiognomie trägt ein Denker der Folgezeit, Pierre Bayle (1647—1706), der Verfasser des berühmten „Dictionnaire historique et critique" (Historisches und kritisches Wörterbuch, zuerst 1695 und 1697 in 2 Bänden erschienen), in dem die moderne Skepsis ihre ausdrucksvollste Prägung gefunden hat. Sie tritt hier als unerbittliche, unversöhnliche Antinomie zwischen Wissen und Glauben zutage, die keinen Ausgleich, aber auch keine Umgehung zuläßt, sondern die Entscheidung in dem einen oder dem anderen Sinne fordert. Dabei ist es verhältnismäßig gleichgültig, wie sich Bayle selbst entschieden hat, und ob seine Entscheidung zugunsten des Glaubens eine ehrliche gewesen ist. Wichtiger ist die außerordentliche Schärfe, mit der er die Antinomie ausgedrückt hat. So hat er, absichtlich und in bewußter Verfolgung seines Endzieles oder einem inneren, gleichsam unpersönlichen Zwange des Gedankens gehorchend, die Sphäre der Religion immer enger eingegrenzt und eingeschränkt; die theoretische Vernunft ist nicht mehr, nicht einmal zum Teile, von ihr umschlossen, sie liegt außerhalb ihrer, ist ihr sogar entgegengerichtet; aber auch die praktische Vernunft steht, wenn schon nicht im Verhältnis der Gegensätzlichkeit, so doch jedenfalls nicht in dem der Unterordnung zur Religion. Es ist vielleicht eine noch größere Tat Bayles, daß er die Moral, als daß er die Wissenschaft vom Konfessionalismus unabhängig gemacht hat. Der Götzendienst, so erklärt er, ist schlimmer als der Atheismus. Auch damit ist ein Prinzip von ungewöhnlich fortwirkender Kraft eingeführt; denn wer wollte die Grenze zwischen Götzendienst und Gottesdienst so genau festsetzen? Bekannt ist die Behauptung Bayles, die damit zusammenhängt und sogar Voltaire zu heftigem Widerspruche gereizt hat, daß eine Gesellschaft von Atheisten sehr wohl bestehen könnte. Darauf hat er die Forderung der religiösen Toleranz gegründet, über deren Tragweite nicht erst gesprochen werden muß. So sind in ihm eigentlich schon alle Elemente des Freidenkertums enthalten, und daraus erklärt sich sein tiefgehender Einfluß auf die kommenden Geschlechter. Die Saat seiner Ideen sollte vor allem auf dem Boden der französischen Enzyklopädisten aufgehen.

GRUNDELEMENTE

Aus diesen Grundelementen setzt sich das Gebilde der französischen Aufklärung zusammen, das trotz mannigfachen Unterschieden der gedanklichen Färbung ein überaus einheitliches ist — von einer Einheitlichkeit, wie sie bloß ausnahmsweise in der Geschichte der Philosophie auftritt — und als solches auch in unseren einleitenden Betrachtungen sich dargestellt hat. Den Grund dieser Einheitlichkeit entdecken wir im Intellektualismus, Objektivismus, in der Vorherrschaft der Analyse, in der Alleinwertung des Gesetzesbegriffes, lauter Ausdrucksformen ein und desselben Prinzipes. Wir werden viel für die Klarheit unserer Ausführungen gewinnen, wenn wir nun noch kurz im einzelnen auf einige der wichtigsten Übereinstimmungen zwischen fast allen Vertretern dieser Philosophie hinweisen; Übereinstimmungen, die schon in jener Gemeinsamkeit der Grundlagen mit eingeschlossen sind, die es sich aber dennoch verlohnt, gesondert zum Lichte zu heben.

1. Alle Erkenntnis entstammt den Sinnen — Sensualismus.
2. Die Selbsterkenntnis wird der Sacherkenntnis ein- und untergeordnet — objektivistische Orientierung, die sich zumeist innerhalb der Erfahrungsgrenzen hält, extremenfalls jedoch bis zum Materialismus fortschreitet.
3. Es gibt bloß — wenigstens soweit unsere Erkenntnis reicht — eine einheitliche Natur, die unter ewigen, sich gleichbleibenden, allgemeinen Gesetzen steht — Naturalismus.
4. Auch der Mensch untersteht — und zwar restlos — diesen Gesetzen, er ist ein Naturwesen, und der Unterschied zwischen ihm, dem Tier und der Pflanze ist dementsprechend ein bloß gradueller. Von einer seelisch-geistigen Substanz, die ihm allein zum Unterschied von den niedrigeren Organismen eigen wäre, wissen wir gar nichts.
5. Das Höchste, wozu sich der Mensch aufschwingen kann, ist die Erkenntnis dieser Gesetzmäßigkeit und die kulturelle und praktische Verwertung derselben. Auch der bestentwickelte Geist kann zum Wesen der Erscheinungen nicht vordringen, sondern beschränkt sich darauf, die zwischen ihnen obwaltenden Beziehungen zu erfassen. Die Höchststeigerung dieser Fähigkeit ist das, was wir das Genie nennen.
6. Die Folgerungen, die sich daraus ergeben, sind wiederum zweifacher Art.

a) Der Mensch ist nicht frei, sondern durch und durch von den Antrieben seiner Natur bestimmt. Der Kampf gegen Affekte, Neigungen und Leidenschaften ist darum sinnlos, sogar schädlich; denn er verkennt, daß die Ausrottung jener die Brachlegung des Seelenlebens, seine Verurteilung zu tatenloser Stumpfheit bedeutet.

b) Wohl aber ist es möglich und notwendig, auf die menschlichen Neigungen und Leidenschaften im richtigen Sinne einzuwirken; sie vor ausschweifenden und zerstörenden Extremen zu bewahren; ihre Intensität sich zum Vorteile der Gesellschaft und Gemeinschaft zunutze zu machen; sie in die Bahnen zu lenken, die für das allgemeine Wohl die förderlichsten sind. Dies geschieht durch eine vernünftige — und das heißt: natürliche Erziehung und Gesetzgebung. Die Bedeutung dieser wird von den Aufklärern sehr hoch veranschlagt, zweifellos überschätzt. Zumal der Einführung zweckentsprechender Gesetze und Einrichtungen muten sie einen Effekt auf die Menschheit zu, der an Zauberei grenzt; diese Einseitigkeit der Auffassung, die sich in der Revolution verhängnisvoll ausgewirkt hat, läßt sich übrigens recht leicht aus ihrem Begriffs- und Gesetzesrationalismus verstehen.

7. Die Haupttriebfeder, eigentlich die einzige, die den Menschen wie sämtliche Lebewesen überhaupt bewegt, ist der Egoismus, die Eigenliebe, der Selbsterhaltungstrieb, das Streben nach Glück — Hedonismus. Alle diese Begriffe werden wahllos füreinander gesetzt, als ob sie ein und dasselbe bedeuteten. Zuweilen mischt sich die auch von England bezogene Theorie der sympathischen Affekte ein, und es wird dann ein Anlauf zu einer sozialen Begründung der Ethik unternommen. Allein das geschieht doch mehr ausnahmsweise. Die durchgreifende Formel ist jene erstangeführte, und sie wird weiter so entwickelt und ausgedeutet, daß es darauf ankomme, Egoismus und Selbsterhaltung in den Schranken der Vernunft zu halten, das Streben nach eigenem Glücke mit dem nach dem Glücke der Gesamtheit — der größten Zahl — in Einklang zu setzen. Hier ist eine Mannigfaltigkeit der Schattierungen in den vorherrschenden Auffassungen unverkennbar. Die einen sind mehr nach dem Egoismus, die anderen mehr nach dem Gesichtspunkte der Allgemeinheit orientiert. Bei den einen ist das Motiv der sinnlichen Lust das vorherrschende, bei den

anderen das des nationalen, des gesellschaftlichen und schließlich des allgemein menschlichen Fortschrittes. Es muß zum Ruhme dieser Epoche gesagt werden, daß das Ideal der Humanität von den meisten hochgehalten und verkündet wird, so unzulänglich und schwankend auch die theoretische Grundlage ist, die es tragen soll.

Dies sind in kurzem die gedanklichen Hauptlinien der französischen Aufklärung, die ich in ein übersichtliches Schema zusammenzufassen trachtete. Wir werden sehen, daß die meisten Erscheinungen sich ihm fügen, und zwar in allen oder doch den meisten Punkten. Nicht ganz, aber teilweise außerhalb desselben fallen boß die Extreme der einen oder der anderen Richtung; die des Naturalismus in Lamettrie und Helvetius, die des Idealismus namentlich in Jean Jacques Rousseau.

Der zeitliche Ablauf dieses Geistesprozesses ist dadurch charakterisiert, daß er um die Mitte das Phänomen einer merkwürdigen Verdichtung, einer Sammlung der Geister um einen gemeinsamen Mittelpunkt zeigt. Es ist das Unternehmen der Enzyklopädie, in dem, als dem auch wirklich typisierenden, ausdruck- und richtunggebenden des Zeitalters, die verschiedenen Strömungen zusammenlaufen, um sich dann wieder zu trennen und zu verselbständigen. Wie immer nach solchen Versuchen der Verbindung, treten dann die Unterschiede um so schärfer und betonter hervor: hier Rousseau, dort der Materialismus. Mit ihnen sehen wir uns schon an die Schwelle der französischen Revolution versetzt.

Aus diesen Gesichtspunkten ergab sich uns auch die Gliederung unseres Stoffes. Wir hielten es für richtig, von jenen Erscheinungen auszugehen, die die unmittelbarste Anknüpfung an die systematische Philosophie bieten. Es war Condillac und seine Schule. Dadurch wird zugleich gezeigt, wie das Lockesche Grundelement in die französische Aufklärung eingeführt und in ihr weitergebildet wird. Von Condillac gehen wir zu Montesquieu und Voltaire über.

Hier sehen wir die Geistigkeit der Epoche ihren glänzendsten und wirkungsvollsten Ausdruck erreichen. Die Darstellung Voltaires leitet von selber zu den Enzyklopädisten hinüber: zu Diderot, d'Alembert und zur Enzyklopädie selber. Damit ist der Höhepunkt erreicht und eigentlich schon überschritten. Wir haben sodann die weitere Ausbildung und Gestaltung der Naturphilosophie, der Kultur-, Staats- und Gesellschaftsphilosophie durch das ganze 18. Jahrhundert hindurch zu verfolgen. Wir werden uns hier überzeugen, daß der Materialismus mehr und mehr vordringt, bis ihm zwei Jahrzehnte nach Grundlegung der Enzyklopädie im „System der Natur" ein mächtiges Monument errichtet wird. Nachdem wir die Hauptlinie der französischen Aufklärung dermaßen zu ihrem folgerichtigen Abschlusse führen, lassen wir an letzter Stelle Rousseau zu Worte kommen. Sein Grundgedanke ist einerseits als Gegenstoß gegen die bisher behandelte Geistesrichtung, andererseits als deren Ergänzung zu betrachten. Wie sich beide um die Mitte des Jahrhunderts verbanden, um das wirksamste Dokument des Zeitalters, die große Enzyklopädie, hervorzubringen, so verbinden sie sich in den letzten Jahrzehnten, nachdem ihre Urheber zum größten Teil das Zeitliche gesegnet, zur Entfesselung der Revolution, zum Umsturz der alten, zum Aufbau einer neuen Ordnung.

CONDILLAC UND DER SENSUALISMUS

Unter den Philosophen der französischen Aufklärung im 18. Jahrhundert ist Condillac wohl der systematischeste. Wie alle Klassiker der Neuzeit, von Bacon und Descartes bis Kant und über ihn hinaus, hat er der Philosophie die Erkenntnistheorie zugrunde gelegt; ja man kann von ihm sagen, daß er noch mehr als sein Lehrmeister Locke innerhalb ihrer stehengeblieben ist. Freilich gibt ihm das den Vorzug jener philosophischen Exaktheit, die seine Zeitgenossen in Frankreich — am ehesten noch d'Alembert ausgenommen — im allgemeinen vermissen ließen. Er führte die große Linie des Systemdenkens weiter, die vor ihm in Descartes, Spinoza, Locke, Leibniz Höhepunkte erreicht hatte. Und zwar führt er sie in der Richtung auf einen konsequenten Empirismus und Positivismus weiter. Mit ihm haben wir uns deswegen hier, wo es sich um ein Kapitel Philosophiegeschichte handelt, in erster Reihe auseinanderzusetzen.

Zunächst die hauptsächlichen persönlichen Daten. Etienne Bonnot de Condillac wurde als Sprößling einer vornehmen Familie am 30. September 1714 in Grénoble geboren. Er ist ein Bruder des als Historiker und Sozialphilosoph bekannt gewordenen Abbé Mably; als Neffe der Madame Tencin ist er auch ein Blutsverwandter d'Alemberts. Zum geistlichen Stande bestimmt, mit dem ihn innerlich wenig verbunden zu haben scheint, übte er diesen Beruf eigentlich nicht aus, wandte sich aber um so intensiver der Beschäftigung mit den Problemen der Philosophie zu. Im Jahre 1746 verfaßte er seinen „Essai sur l'origine des connaissances humaines" („Versuch über die Entstehung der menschlichen Erkenntnis"), 1749 den „Traité des systèmes" („Abhandlung über die Systeme"), 1754 sein Hauptwerk „Traité des sensations" („Abhandlung über die Empfindungen"), 1755 den „Traité des animaux" („Abhandlung über die Tiere"). Zum Erzieher des Erbprinzen von Parma bestimmt, verfaßte er für seinen Zögling einen vielbändigen „Cours complet d'instruction" („Vollständiger Kursus des Unterrichts"), der neben historischen Werken solche über Grammatik und Logik enthält: „L'art de penser" („Die Kunst des Denkens") und „L'art de raisonner" („Die Kunst des vernünftigen Schließens"). Nach Beendigung seiner erziehlichen Tätigkeit kehrte er nach Frankreich zurück, wo er im Jahre 1768 zum Mitglied der Akademie gewählt wurde. Er hat dann noch einige namhafte Werke verfaßt: 1776 die sozialökonomische Schrift „Le commerce et le gouvernement" („Handel und Regierung"), 1780 die „Logique" („Logik"), sodann die 1798 posthum erschienene, unvollendete „La langue des calculs" („Die Sprache des Kalküls").

Condillac ist ein solider, ehrlicher Denker, der sich um größte Gründlichkeit bemüht und sich über jeden Denkschritt genaueste Rechenschaft zu geben trachtet. Kühnheit und Schwung der Auffassung sind ihm fern. Erkenntnis ist ihm Sichtung und Ordnung des Gegebenen durch genaue Zergliederung. Nach einem Weltbilde strebt er gar nicht, es genügt ihm zu zeigen, auf welchem Wege der Mensch zu einem solchen überhaupt gelangen kann. Im persönlichen Verkehr scheint Condillac den Eindruck anspruchsloser Schlichtheit, ja sogar der Einfältigkeit gemacht zu haben, wenn wir uns auf eine Bemerkung Rousseaus in seinem „Emile"[12] beziehen können.

Condillac ist radikaler Sensualist; er hat sich durch seine folgerichtige Vertretung dieser Theorie seine Stellung innerhalb der modernen Philosophie erobert. Er ist dadurch neben Berkeley, Hume, Feuerbach und den späteren Positivisten zu einem Klassiker des Sensualismus geworden. Als solcher übt er einen starken Einfluß auf seine Zeit und auf die nachfolgende Generation, der, später zurückgedrängt, doch nicht völlig erloschen ist. Manche seiner Grundgedanken haben bis in die neueste Metaphysik, Erkenntnistheorie und Psychologie fortgewirkt, freilich ohne daß die historischen Linien der Verbindung überall deutlich sichtbar würden.

Condillac hat Lockes Lehre weitergebildet, indem er sie an einem entscheidenden Punkte abänderte. Er hob die absolute Dualität der Sensation und der Reflexion, des äußeren und inneren Sinnes auf, an der noch Locke festgehalten hatte, und die später bei Kant noch eine bedeutende Rolle spielen sollte, und gelangte so zu einem konsequenten Empfindungsmonismus, dessen Bestreben es sein muß, alle Seeleninhalte bis zu den kompliziertesten als Produkte einfacher Empfindungselemente darzustellen.

In der geistigen Entwicklung Condillacs, wie sie durch seine Schriften bezeugt ist, können wir mit Deutlichkeit drei Phasen auseinanderhalten. Zunächst steht er noch ganz auf dem Boden Lockes und begnügt sich mit einigen Zusätzen und Nachbesserungen, die er an seinem englischen Vorbilde vornimmt. Dann begründet er im „Traité des sensations" seine eigene, extrem sensualistische, empfindungsmonistische Lehre. In der letzten Phase seines Denkens wendet er sich mehr und mehr einem logischen und erkenntnistheoretischen Formalismus zu, der ihn weniger bestimmte inhaltliche Ergebnisse als die allgemeinen Formzusammenhänge suchen läßt, die zwischen Denken, Sprechen und Rechnen bestehen. Gerade diese Untersuchungen sind außerordentlich kennzeichnend für den Geist seines ganzen Zeitalters.

Im „Essai sur l'origine des connaissances humaines" gibt er nicht viel mehr als eine gut gegliederte Paraphrase Lockescher Gedanken, obwohl auch diese Schrift Feinheit und Gediegenheit der Analyse verrät. Der Protest gegen die angeborenen Ideen, die Unterscheidung von Sensation und Reflexion als Erkenntnisquellen, sie weisen auf das Original hin. Als Grundfunktionen des Erkennens werden bezeichnet: Wahrnehmung, Aufmerksamkeit, Erinnerung. Von Wichtigkeit ist die Unterscheidung zwischen *mémoire* = Gedächtnis und *imagination* = Einbildungskraft, die einige wertvolle phänomenologische Blickpunkte vermittelt. Die Einbildungskraft liefert uns ein wirkliches Bild des Gegenstandes. Das Gedächtnis besitzt nicht diese bildhafte oder abbildhafte Deutlichkeit, es umschreibt seinen Gegenstand in einer mehr symbolischen Weise, indem es seine Begleitumstände, seinen vagen Totaleindruck sich zum Bewußtsein bringt[13]. Von Einbildungskraft und Gedächtnis, die also in ihrer Art die Eindrücke aufbewahren, wird nun noch die Erinnerung — *réminiscence* — als Akt des Wiedererkennens unterschieden. Alle genannten Prozesse werden durch die Aufmerksamkeit in Bewegung gesetzt. Von großer Bedeutung schon für das Gedächtnis, noch mehr aber für die Denkfunktion ist die Tatsache der Zeichengebung. Zeichen gibt es dreierlei: erstens begleitende oder akzidentelle wie die Phänomene, die mit dem festzuhaltenden Gegenstande in einem äußeren, in der Regel zufälligen Zusammenhang stehen; zweitens natürliche, wie Ausdrucksbewegungen, Laute und Gebärden; drittens die künstlichen, willkürlich oder konventionell bestimmten, wie Sprache und Schrift. Erst diese letzte Gruppe, von der Condillac überzeugt ist, daß sie dem Menschen allein zugehört, macht sein Gedächtnis von den äußeren Verhältnissen unabhängig und setzt ihn instand, durch die von ihm selbst gewählten Zeichen die Eindrücke, deren er bedarf, hervorzubringen[14]. In dem richtigen Gebrauch dieser Zeichengebung liegt das Geheimnis der menschlichen Erkenntnis[15]. Es ist zunächst gefordert, daß die Begriffe nicht realisiert werden[16]. Sie sind, wie hier in Übereinstimmung mit dem noëtischen Ökonomismus eines Mach und Avenarius behauptet wird, lediglich denktechnische Mittel zur Vereinfachung des Weltbildes. Wäre unser Intellekt fähig, die ganze Mannigfaltigkeit der Erscheinungen in sich aufzunehmen, so bedürfte er dieser gleichsam verkürzenden Perspektive der Begriffe nicht. Eben der Umstand, daß er über ein beschränktes Kraftmaß verfügt, nötigt ihn zur Anwendung kraftsparender Denkmittel. Weit entfernt, Ausdruck einer höheren Vollkommenheit des Intellektes zu sein, sind die abstrakten Begriffe ein Zeugnis seiner Schwäche; eine Deutung, die sich offensichtlich als äußerste Umkehrung des Platonischen Grundgedankens darstellt. Daß wir mit solcher Zähigkeit an der objektiven Realität der Begriffe festzuhalten geneigt sind, erklärt Condillac aus dem Verfahren der Begriffsbildung selbst. Es besteht eine Entsprechung zwischen den Dingen und unseren Begriffen von denselben. Die Begriffe und Namen der Substanzen nehmen im Geiste einen analogen Platz ein wie die Dinge außerhalb seiner; jene sind das Band der äußeren Eindrücke, wie diese das der Qualitäten sind. Es ist also das Merkmal der Synthese der Grund der Entsprechung zwischen Begriff und Ding. Und zwar denkt Condillac auf seiten des Gegenstandes nicht etwa an eine metaphysische, substanzielle Synthese, vielmehr handelt es sich in der Zweiheit von Gegenstand und Begriff eigentlich um eine einzige Einheit, und lediglich der Blickpunkt der Betrachtung wechselt; verlegen wir ihn nach außen, so gelangen wir zum Gegenstande, nach innen, zum Begriff. Hier ist immerhin ein unverkennbarer Ansatz zur Kantischen Lehre von der Synthesis der Apperzeption gegeben, der Lehre nämlich, daß die Einheit der Denkfunktion ihr Korrelat in der transzendentalen Einheit des Objektes findet.

Condillac betrachtet schon hier, dem Geiste der Aufklärung getreu, als einziges Mittel zur Überwindung des Irrtums die Auflösung jedes Begriffes in die Elemente, die ihn zusammensetzen. Seine Methode ist die der Analyse. Er wirft es, wie vor ihm Bacon und nach ihm d'Alembert, den strengen Rationalisten vor, daß sie von allgemeinsten Prinzipien zu konkreten Einzelerkenntnissen herabsteigen wollen, von denen jene doch bloß ein abgekürzter Ausdruck sind[17]. Sehr ausführlich hat Condillac diesen Leitgedanken im „Traité des systèmes" behandelt, wo er ihn seiner Kritik verschiedener metaphysischer Welttheorien zugrunde legt. Wenn die Allgemeinprinzipien lediglich als Endergebnisse eines vom Denken durchlaufenen Prozesses in Betracht kommen, dann haben sie eben keine andere Bedeutung als die der abkürzenden Zusammenfassung des Einzelnen. Beanspruchen sie eine andere Bedeutung, dann sind sie irreführend, denn sie verleiten uns dazu, einen Satz, der bloß für eine bestimmte Elementengruppe gilt, über diesen Geltungsbereich hinaus anzuwenden. Wie die Axiome müssen aber auch die Hypothesen, die zum Unterschiede von jenen bloße Annahmen sind, in Schranken gehalten werden. Ihr Mißbrauch besteht darin, daß man sie an den Ergebnissen rechtfertigen will, ohne ihrer eigenen inneren Klarheit Rechnung zu tragen, daß man es also für möglich hält, aus Widersinnigem könne Sinnvolles, aus Zweideutigem Eindeutiges hervorgehen. Dem modernen Konventionalismus und Fiktionalismus gegenüber, der doch eben in die Naturforschung Eingang gefunden, würde sich Condillac also ablehnend verhalten haben. Einfachheit und Durchsichtigkeit der zugrunde gelegten Elemente, wie in Mathematik und Astronomie, ist und bleibt die Hauptsache. Das höchste Muster solch einer analytischen Betrachtungsweise erblickt er in der Arithmetik, deren Verfahren ausschließlich in der Hinzufügung einer Einheit zur anderen besteht; wie nun über den Begriff der Zahleneinheit kein

Zweifel sich erheben kann, so auch nicht über den irgendeiner Zahlgröße[18]. Ähnlich verhält es sich mit den geometrischen Figuren; hier haben wir, in Kantischer Sprache, nicht minder Erkenntnis durch „Konstruktion der Begriffe". Wir haben die klaren und deutlichen Elemente, ebenso den Plan und Prozeß des Aufbaues selber in Händen[19]. Es ist freilich nicht möglich, die Analysis überall zur gleichen Allgemeinheit der Anwendung und Durchbildung zu bringen, da das Material der Wirklichkeit der Strenge und Eindeutigkeit mathematischer Zeichengebung widerstrebt, was insbesondere für die komplexen Gebilde der Physik und Metaphysik gilt. Die Analysis setzt aber nicht bloß voraus, daß ein Komplex in alle seine Bestandteile aufgelöst wird, sondern auch, daß es in der richtigen Ordnung geschieht, eine Forderung, die freilich die Grenze dieser Methode überschreitet. Denn etwas in der richtigen Ordnung zergliedern, ist bloß möglich, wenn man die einheitliche Verbindung des Ganzen vor Augen hat. Das heißt, die Analyse schließt die Synthese ein; oder sie ist sogar in der letzteren selbst eingeschlossen. Daß vor allem die Zahl, die geometrische Figur schon einem synthetischen Geistesakt ihr Dasein verdanken, daß sie von den Sinnesempfindungen toto genere verschiedene Gebilde darstellen, ist dem Empirismus Condillacs und der übrigen französischen Aufklärer ebenso entgangen wie dem Lockes, Berkeleys und Humes. So erklärt sich insbesondere das Versagen all dieser Denker am Unendlichkeitsproblem[20].

Welcher Art ist das Weltbild, zu dem Condillac solchermaßen gelangt? Da es auch in seinen späteren Werken keine grundsätzliche Änderung erfährt, können wir es hier vorwegnehmen. Die einfachen Begriffe sind Abzüge der Sinnesempfindungen. Was die zusammengesetzten angeht, so gibt es zwei Arten: Begriffe von Substanzen und Begriffe moralischer Eigenschaften. Jene sind Kopien von Modellen, die uns die äußere Erfahrung liefert; diese sind Modelle, die wir selber gebildet haben und der Beurteilung menschlicher Handlungen und Vorgänge zugrunde legen. Jene sind ihrer Natur nach unvollständig; so zum Beispiel setzt sich unser Begriff des Eisens bloß aus den Merkmalen zusammen, die dem jeweiligen Stande unserer Erfahrung entsprechen, kann also noch durch Bereicherung derselben erweitert und geklärt werden. Moralbegriffe, wie Bescheidenheit oder Gerechtigkeit, sind dagegen von uns selbst geprägt und haben die Vollständigkeit, die wir in sie hineinlegen. So wird Condillac zu einem Ergebnisse geführt, das mit seinem Sensualismus merkwürdig kontrastiert, obschon es auf ihm beruht: daß mathematische und moralische Erkenntnisse die einzigen vollkommenen sind[21]. Auch das Problem der metaphysischen Erkenntnis beantwortet er in ähnlicher Weise: durch Unterscheidung der unseren Sinnen allein zugänglichen Erscheinungsform der Dinge von dem, was sie an sich sind. Dementsprechend muß Condillac den Materialismus nicht minder ablehnen als die spiritualistische Doktrin. Materie und Seele werden nicht geleugnet, sie werden als unerkennbar bezeichnet, und der Versuch, die Grenze zu überschreiten, führt zu den Irrtümern und Dunkelheiten der Metaphysik. Es ist demnach das positivistische Erkenntnisprinzip, das Condillac ähnlich wie Hume vertritt.

Der Übergang von hier zu Condillacs Hauptwerk, dem „Traité des sensations", ergibt sich von selber. Locke hat nach Condillacs Beurteilung seine Aufgabe bloß zur einen Hälfte erfüllt. Er hat in den Sinnesempfindungen die eine Hauptquelle der Erkenntnis aufgebohrt. Allein er hat es unterlassen, die zweite Quelle, die der Reflexion, in ihrem ganzen Laufe zu verfolgen. Bereits im „Essai" wird der Versuch unternommen, die mannigfachen Seelentätigkeiten auf ein Prinzip zurückzuführen; aber das Lockesche Grundschema, der Dualismus der Erkenntnismittel, ist gleichwohl unverändert geblieben. Anders der „Traité", der einen extremen erkenntnistheoretischen Monismus lehrt. Die Reflexion ist kein selbständiges, sondern ein aus der Sensation abgeleitetes, sekundäres Prinzip; sie ist eine Form derselben, genauer: der Weg, auf dem sie von außen nach innen gelangt. Demgemäß gibt es auch keine ursprünglichen, angeborenen, sondern bloß erworbene Tätigkeiten und Fähigkeiten der Reflexion, als da sind Wahrnehmen, Aufmerken, Urteilen, Wollen. Auch sie sind samt und sonders auf Empfindung zurückführbar. Es gibt schwächer und stärker betonte Empfindungen. Die jeweilig stärker betonten erweisen sich als diejenigen, denen wir Aufmerksamkeit entgegenbringen. Die Aufmerksamkeit ist also nichts Zweites neben der Empfindung, sie ist die betonte Empfindung selber. Eine Empfindung kann sich sodann entweder auf Gegenwärtiges oder auf Vergangenes beziehen; letzteren Falles heißt sie eine Erinnerung. Wenn zwei Empfindungen gleichzeitig zur Abhebung gelangen, müssen sie, da die Aufmerksamkeit sich nicht schlechtweg zu teilen vermag, in Beziehung zueinander gesetzt, verglichen werden. Vergleichen heißt aber: urteilen. Auf das Vergleichen und Urteilen geht das Begehren zurück: denn wir begehren bloß etwas, das wir im Vergleich mit einem gegebenen Zustande als besser und deswegen als wünschenswert beurteilen [22]. Es ist ohne weiteres ersichtlich, daß mit Vergleichen und Urteilen auch die Funktionen des Verallgemeinerns und begrifflichen Denkens mitgesetzt sind.

Nach dieser allgemeinen Grundlage beginnt der eigentliche Hauptteil des Buches, in dem Condillac seine bekannte Fiktion einer Statue einführt, die der Reihe nach mit den verschiedenen Sinnen, Geruch, Gehör, Geschmack, Gesicht, Getast zur Aufnahme der äußeren Eindrücke begabt wird. Kam es Condillac doch bereits in seinem Erstlingswerke darauf an, die natürliche Bildung der Vorstellungen zu verfolgen, um dermaßen die klaren von den unklaren zu unterscheiden und eine solide Basis der Erkenntnisfunktion zu gewinnen! Dies aber ist, wie wir sahen, der Grundzug, der durch die gesamte Aufklärungsphilosophie, namentlich die französische, geht. Condillacs Fiktion der Statue steht in einem engen Zusammenhang mit dem Unternehmen Montesquieus, die Verschiedenheit der Gesetze und Staatsverfassungen aus den natürlichen Elementen herzuleiten, mit Voltaires Versuch, die Kulturentwicklung in ähnlicher Weise analytisch und genetisch zu erklären; und so sehr Rousseau ein Neues, Grundstürzendes vertritt, schließlich ist auch sein Werk eine Auflösung des Menschen, der Gesellschaft, des Staates, der Kultur in die ersten Bedingungen ihrer Entstehung und das Bestreben, aus diesen ein besseres und reineres Gebilde als das geschichtlich gewordene und erstarrte zu erzeugen. Übrigens hatte bereits Lamettrie den methodischen Plan Condillacs in einem Aperçu entworfen, und er ist auch von Diderot in der Schrift „Lettre sur les Sourds et Muets" aufgenommen worden.

Kehren wir zum „Traité des sensations" zurück. Die Sinnesinhalte werden zu zwei Gruppen verbunden, deren eine durch Geruch, Geschmack, Gehör, Gesicht, deren andere durch den Tastsinn vertreten ist. Bloß der letztere verschafft der Statue das Bewußtsein des Objektes, wogegen sie alles, was sie riecht, schmeckt, hört, sieht, lediglich als Modifikationen ihres eigenen Seins erlebt. Der Tastsinn vermittelt ihr durch das Empfinden des Widerstandes erst ein ihr gegenstehendes, also gegenständliches Sein. Durch die Tastempfindung werden nämlich zugleich zwei Dinge wahrgenommen, die einander im Raume ausschließen, und so nimmt die Statue hier die Solidität nicht als eigene Seinsweise, sondern als den Wechselbezug jener beiden Dinge, somit als deren Seinsweise wahr. Dergestalt lernt sie ihren und die fremden Körper kennen. Der Tastsinn belehrt sodann die anderen Sinne darüber, daß auch ihre Inhalte auf äußere Objekte zu beziehen sind. Und zwar geschieht diese Unterweisung durch Bewegungen, die eine räumliche Orientierung ermöglichen. So ist, was wir vom Ich und vom Nicht-Ich aussagen können, bloß eine Summe verschiedenartiger und verschieden gerichteter Empfindungen. Die moralischen und ästhetischen Werte gehen auf Lust und Unlust zurück, die sich mit bestimmten Sinneseindrücken verknüpfen. Was letzteren als metaphysische Wesenheit zugrunde liegt, darüber können wir nichts ausmachen, da wir, wie Condillac in merkwürdiger Anlehnung seines Sensualismus an das kirchliche Dogma sagt, durch den Sündenfall in einen Zustand der Abhängigkeit von der Sinnlichkeit geraten sind.

Wenn wir zurückblickend die Summe dieser Gedanken ziehen, dann müssen wir ihnen eine Bedeutung zusprechen, die über ihre historische Prägung hinausgeht. Zunächst müssen wir uns über den Sinn des Schrittes klar werden, der hier über Locke hinaus getan wird. Dies ist indessen erst möglich, wenn wir Condillacs Auflösung der Reflexion in Sensation zu der schillernden Zweideutigkeit in Beziehung setzen, die der Reflexionsbegriff schon bei Locke erhielt[23]. Reflexion erscheint hier einerseits als Erkenntnisquelle des inneren Sinnes, als Organ des Selbstbewußtseins, als eine Art Medium, durch das uns die Zustände und Vorgänge des Ichs rückgespiegelt werden. Anderseits wird sie als der Inbegriff intellektueller, gefühls- und willenshafter Funktionen gefaßt, welche die Seele in der Synthese der Empfindungen, Vorstellungen und Begriffe selbsttätig vollzieht; sonach als Ausdruck dessen, was in neuerer Zeit als psychische Aktivität bezeichnet wird. Dieser Bedeutungswandel des Begriffes ist von außerordentlicher Wichtigkeit für das Verständnis Condillacs. Verstehen wir unter Reflexion lediglich ein zweites Organ und Erkenntnisvermögen des Ichs, gleichsam ein nach innen sich öffnendes Tor der Seele, dann begreifen wir, daß der Psychologe Condillac sich gegen diese sozusagen räumliche Trennung und Verselbständigung eines äußeren und eines inneren Sinnes auflehnen und die Einheitlichkeit des Erfahrungsprozesses hervorheben mußte. Körper und Seele, Außenwelt und Innenwelt, Objekt und Subjekt sind nicht fertige, von Anbeginn feststehende Schablonen, in die sich sämtliche Inhalte einordnen ließen, sie werden vielmehr durch den Erfahrungsprozeß erst mühsam erarbeitet.

Es handelt sich indessen um mehr, um Entscheidenderes. Reflexion wird auch für Condillac zum Inbegriff aller seelischen Akte und damit zum Ausdruck seelischer Aktivität, die er also leugnet, indem er den Unterschied zwischen Inhalt und Akt aufhebt und die restlose Phänomenalisierung des Seelischen vollzieht. Hierdurch gewinnt seine Seelenlehre zugleich eine intellektualistische Färbung. Fühlen, Begehren, Wollen erscheinen als Umformungen der Empfindung. Daß dergleichen nicht ohne Gewaltsamkeit abgeht, ist klar. In genauer Umkehrung der Kartesianischen These wird das Wollen als eine Art Urteil betrachtet. Es setzt eine höhere Bewertung des begehrten Zustandes vor dem erreichten, also einen Vergleich voraus. Aber darin ist doch ein Zirkel enthalten. Denn in der verschiedenen Bewertung zweier Zustände, in Lust und Unlust liegt ein Element des Begehrens, das nicht in Empfinden oder Wahrnehmen aufzulösen ist. Und so hat die Intellektualisierung, mit ihr jedoch auch die Phänomenalisierung des Seelischen ihre Grenze.

Der Empfindungsmonismus Condillacs oder, was damit gemeint ist, der Versuch, sämtliche Seeleninhalte in eine Ebene aufzureihen, ist nicht vereinzelt geblieben. Es ist vor allem an die, gleichfalls über Locke sich hinausbewegende englische Assoziationspsychologie Browns, Hartleys, Priestleys und Humes zu denken; in neuerer Zeit an Ziehen, Avenarius und Mach. Diese Auffassung verkennt, daß sie das Ergebnis einer theoretischen Einstellung zum Seelischen, nicht eine sachliche Darstellung desselben ist. Wir können freilich alles als Phänomen, als Inhalt der Empfindung betrachten, wenn wir es bloß genügend weit in die Ebene des objektiven Seins hinausdrehen; auch der Wille, sogar das Ich selber ist uns dann ein Gegebenes, ein Objekt. Und damit wird alles Aktive in uns zugleich ein Passives, aus der Tat wird die Sache, die Tat-Sache; wie es denn schon in der gewöhnlichen Praxis der Selbstbetrachtung bekannt ist, daß ein Affekt oder Antrieb, zu dem wir uns betrachtend und zergliedernd verhalten, hierdurch den Charakter des lebendigen Impulses einbüßt und gleichsam zum seelischen Präparat wird. Unter den Neueren hat vielleicht Münsterberg diesen Unterschied der psychologischen Theorie von der Unmittelbarkeit des Seelenlebens am deutlichsten betont. Und uns zur Aufklärung, zumal zu Condillac zurückwendend, müssen wir sagen, daß sie leichtes Spiel hatten, zu ihrem Ergebnisse zu gelangen: sofern sie durch den Akt der Analyse selbst eben dasjenige aufhoben, was das Wesen des Ichs ist und namentlich von Kant als solches erkannt wurde: die synthetische Einheit[24].

Wir haben uns noch mit der dritten Entwicklungsphase Condillacs zu beschäftigen, wie sie, durch „Logique" und „Grammaire" vorbereitet, hauptsächlich in der unvollendeten „Langue des calculs" Ausdruck gewinnt. Hat sich Condillac bisher der Analysis als der Methode bedient, um bestimmte Ergebnisse für die Erkenntnistheorie und Psychologie herauszuarbeiten, so wird sie ihm jetzt zum Gegenstande seiner Betrachtung selber. Es gilt ihm, gleichsam in die innerste Werkstätte des Geistes einzutreten und ihn bei seiner unmittelbaren Arbeit am Urstoff des Gegebenen zu belauschen. Was Condillac hier beabsichtigt, ist also nichts Geringeres als Kants Unternehmen in der „Kritik der reinen Vernunft" und Hegels in der „Phänomenologie des Geistes". Um so deutlicher drängt sich einem freilich der Abstand der Lösungen, das heißt richtiger, der Ebenen auf, in denen die Lösungen versucht werden. Condillac vereinfacht sich das gewaltige Problem über alle Maßen; wie er im „Traité des sensations" die Bewußtseinsmannigfaltigkeit durch Abwandlung der Empfindung zu erklären sucht, so will er hier die Erkenntnismannigfaltigkeit durch Abwandlung eines Grundaktes der Erkenntnis erklären.

Jede Sprache, so heißt es wörtlich in der „Langue des calculs", ist eine Analysis und jede Analysis eine Sprache. Ersteres wird in der „Grammaire", letzteres in der „Logique" nachgewiesen[25]. Der extreme Sensualismus seines Hauptwerkes ergänzt sich hier durch einen ebenso extremen Nominalismus. Sprechen ist Denken, weil Denken nichts anderes als Sprechen ist. Allgemeinbegriffe gibt es nicht als objektive Realitäten, es gibt sie allein in unserem Geiste und auch hier bloß als Namen[26]. Und was sind Namen, was Worte überhaupt? Nichts als Zeichen, die uns dazu dienen, aus einem zunächst verworrenen Komplexe der Wahrnehmung die einzelnen Elemente derselben deutlicher herauszuheben. In umständlicher Weise wird uns gezeigt, wie aus der ursprünglichen Gebärdensprache, dem *langage d'action*, allmählich die artikulierten Sprachen hervorgehen. Die Gebärdensprache gibt die simultan empfangenen Eindrücke in simultaner Ausdrucksform wieder; aber schon der Beschauer zerlegt diesen Ausdruck in seine Bestandteile, und so bildet und entwickelt sich die Fähigkeit, das simultan Erfaßte in eine Aufeinanderfolge von Bildern aufzulösen, durch die es dem Menschen erst in seiner Zusammensetzung und Gliederung zum klaren Bewußtsein kommt[27]. Die Sprache dient deshalb keineswegs allein der Mitteilung und äußeren Verständigung, sondern vor allem dem Verstehen. Würden wir ihre innewohnenden Gesetze begreifen und befolgen, so besäßen wir ein sicheres Mittel, uns vor Irrtümern zu bewahren. Sie lehrt uns ja, wie wir durch die Analogie, die ja gar nichts ist als die angewandte Analyse, vom Bekannten zum Unbekannten fortschreiten. In den Anfängen des Sprechens läßt sich der Mensch von diesem Prinzip leiten, aber mehr und mehr verlernt er, nicht zum mindesten unter dem Einfluß einer verkehrten Erziehung, die Worte in ihre sinngebenden Elemente zu zergliedern und diese klar und eindeutig auf bestimmte, gegebene Empfindungsinhalte zu beziehen[28]. Hier setzt Condillac die Linie sprachkritischer Betrachtungen fort, die, durch die Nominalisten des Mittelalters eingeleitet, der Reihe nach von Bacon, Hobbes, Locke aufgenommen worden waren; dem Empirismus, der den Schwerpunkt vom Inneren, Wesenhaften der Dinge und Gedanken in deren Erscheinungs- und Ausdrucksform verlegt, liegt diese Wendung ja nahe.

Noch weiter greift die „Langue des calculs" aus, um andrerseits eine noch strengere Vereinheitlichung des Problems herbeizuführen. Das Ergebnis der „Grammatik" und der „Logik" war die Ineinssetzung von Sprechen und Denken als Ausdrucksmittel der Analyse gewesen. Aber die Form der reinen Analysis ist die Zahl. Hatte schon Hobbes gesagt, daß Rechnen Denken und Denken Rechnen ist, so wird dieses Motiv von Condillac wieder aufgenommen und schließlich zu Tode gehetzt. Seine scheinbare Allgemeingültigkeit wird um den Preis des Verzichtes auf jede Mannigfaltigkeit des Erkenntnisprozesses erkauft, so daß von der ganzen Fülle des gedanklichen Lebens gar nichts übrigbleibt als ein Gerippe ohne Fleisch und Blut. Es ist seltsam und verdient höchste Beachtung, wie hier gerade das Bestreben nach stärkster Konkretion durch Verankerung des Bewußtseins in der Sinnesempfindung in der weiteren Folge zu einer ebenso extremen Abstraktheit der Auffassung verleitet. In dem Satze $1 + 1 = 2$ oder richtiger: $2 = 1 + 1$ sieht Condillac das Geheimnis alles Denkens beschlossen, das seinem Wesen nach ein unaufhörlicher Vollzug von Gleichungen ist. Dementsprechend setzt es sich aus zwei Teilen zusammen, die freilich im logischen Verfahren nicht streng voneinander getrennt werden können. Zunächst hat die Analysis die Bedingungen der Fragestellung aufzuklären; damit gibt sie den richtigen Ansatz der Gleichung, durch den sodann der Weg zur Lösung schon vorgezeichnet ist[29]. Die Sprache des Kalküls hat vier Dialekte: den der Finger, der uns zuerst zum Zahlbegriff verhilft, den der Namen, den der Zahlen selber, den der Buchstaben. Zwischen der Gebärden- und Lautsprache, der Logik, der Arithmetik, der Algebra ist also bloß ein Unterschied der Ausdrucksform, nicht des ausgedrückten Inhaltes.

Faßt man das Ganze der Condillacschen Philosophie ins Auge, so sieht man, wie sich hier — in Anknüpfung an das zuletzt Gesagte — ein merkwürdiger Rückgang vom Inhalt auf die Form vollzieht. An Stelle der Metaphysik setzt sich eine genetische Erkenntnistheorie; an Stelle dieser Theorie des Erkennens eine reine Formenlehre der Methode. Der Sensualismus ist eigentlich bloß die Hülle für einen nominalistischen Terminismus; die Empfindung hat gar nicht die letzte Realität, die ihr anfänglich zuzukommen schien, sie ist im Grunde nicht mehr als ein Symbol, das auch durch ein anderes Symbol ersetzt werden könnte; eine Rechenmünze, die keine Bedeutung hat, als den Umlauf und Austausch der geistigen Werte zu ermöglichen. Damit hat Condillac aber das wahre Prinzip der französischen Aufklärung geprägt, die bloß an der Oberfläche ein Sensualismus ist, im Innern aber ein logisch-mathematischer Formalismus, dem es freilich infolge jenes Ausgehens von der Sinnesempfindung an der Möglichkeit einer gegenständlichen Grundlegung mangelt; dieser Konflikt ist es ja, der mehr und mehr zur Kantischen Lösung des Problems hintreibt. Wenn Condillac den ganzen Erkenntnisprozeß dem Auseinanderlegen und dann Wieder-Zusammensetzen eines Uhrwerkes, also eines mechanischen Gebildes vergleicht, hat er da nicht ganz im Sinne seiner Zeit gesprochen? Im Sinne vor allem der großen Enzyklopädie, die damals von geistesverwandten, wohl auch teilweise durch ihn beeinflußten Denkern in die Welt gesetzt wurde; und deren Absicht noch mehr als die Vermittlung einer Unendlichkeit von Einzeltatsachen die war, den ihrer Meinung nach so einfachen Denkmechanismus bloßzulegen, der den Zusammenhang jener Tatsachen, das Hin- und Herlaufen der sie miteinander verknüpfenden Fäden bedingt? Insofern kann uns Condillac als repräsentativer Philosoph dieser Epoche erscheinen.

Auch für die Folgezeit sind bemerkenswerte Wirkungen von ihm ausgegangen, welche die französische Revolution überdauerten. Zu nennen sind insbesondere zwei Männer, deren literarische Wirksamkeit freilich in diese spätere Periode fällt, Cabanis und Destutt de Tracy, die aber die ältere Gedankenrichtung durchaus fortsetzen und mit deren Vertretern sowie untereinander im Salon der damals bereits verwitweten Mme. Helvetius enge Berührung fanden. Pierre-Jean-Georges C a b a n i s' (1757—1808) Hauptwerk führt den Titel „Rapports du physique et du moral de l'homme" („Über die Beziehungen zwischen dem Physischen und dem Geistigen im Menschen") und ist, wiewohl im Detail längst überholt, noch immer als Vorläufer der späteren physiologischen Psychologie von Bedeutung. Auch Cabanis vollzieht — trotz mancher Ansätze dazu — nicht den Übergang vom Sensualismus zum Materialismus, ihm ist die Sensibilität ein ebenso ursprüngliches Prinzip wie die Attraktion[30]. Es fehlt allerdings nicht an Stellen, die eine materialistischere, wiederum auch nicht an solchen, die eine spiritualistischere Färbung tragen. Gelegentlich wird der Möglichkeit Ausdruck gegeben, daß auch die Sensibilität ihren Ursprung in der Bewegung hat[31]. Aber das durchgreifende Leitmotiv bleibt doch das der Parallelität des Physischen und Psychischen sowie Moralischen; und so ist das Werk zugleich ein Bindeglied zwischen der Spinozistischen Auffassung und dem modernen psychophysischen Parallelismus, mit welch letzterem es auch die einseitige Orientierung am Physischen teilt. Es tritt ferner mit dem Anspruche auf, Condillacs Theorie an einem wichtigen Punkte zu ergänzen. Letztere hatte den gesamten Bewußtseinsinhalt als eine Umformung der Empfindungen begriffen, die aus den äußeren Sinnen geschöpft waren. Cabanis weist nun auf die Bedeutung der inneren körperlichen Eindrücke hin, die den Organempfindungen entstammen und insbesondere an der Entstehung und Ausbildung des Instinktes in ähnlicher Weise beteiligt sind wie die äußeren am Zustandekommen der Erkenntnis[32]. Der Reihe nach wird nun der Einfluß des Alters, des Geschlechtes, des Klimas, des Temperamentes auf das seelische und sittliche Leben des Menschen nachzuweisen gesucht. Mit seiner Betonung der Einheit — wenn auch nicht Gleichartigkeit — sämtlicher Naturkräfte von der Gravitation bis zur vitalen Kraft bereitet Cabanis, wie vor ihm Diderot, dem modernen Monismus die Wege[33].

Destutt de Tracy (1754—1836), sein Freund und Kollege im Senat, der zu den „Rapports" eine ausführliche Einleitung und Inhaltsübersicht geliefert hat, führt seinerseits in dem dreibändigen Hauptwerke „Eléments d'idéologie", das im ersten Bande die Ideologie im engeren Sinne, im zweiten eine Grammatik, im dritten eine Logik enthält, die Gedankengänge Condillacs weiter, zu dem Zwecke, sie zu einem geschlossenen System zu verarbeiten. Das Bewußtsein ist auch nach ihm eine Mannigfaltigkeit von Empfindungen ohne Rest, innerhalb deren er vier Hauptgruppen unterscheidet: die eigentlichen Sinnesempfindungen, die Erinnerungen, das Urteil, den Willen. Die Art nun, wie diese der Reihenfolge nach auseinander abgeleitet werden, ist völlig der Condillacschen Methode entlehnt; bloß daß hier das Willkürliche der Konstruktion noch deutlicher hervortritt. Denn die Eigenart der Erinnerung ist ebensowenig wie die des Urteils und des Willens damit umschrieben, daß man von der Empfindung eines Bildes, einer Beziehung zwischen Bildern oder einem aus dieser Beziehungsempfindung sich ergebenden Bejahen oder Verneinen eines bestimmten Inhaltes redet. Über der zu großen Allgemeinheit des zugrunde gelegten Erklärungsprinzips verflüchtigt sich seine erklärende Kraft, und es verbleibt eben nichts als die unverbindliche und auch von keinem Dualisten oder Trialisten geleugnete Tatsache, daß alle Bewußtseinsinhalte, so verschiedenartig sie auch seien, doch in irgend etwas übereinstimmen und darauf als einen gemeinsamen Punkt bezogen werden können. Erwähnt sei noch Destutt de Tracys Theorie der Existenz, weil er hier faktisch einige Schritte über Condillac hinausgeht, und zwar in der Richtung auf den Voluntarismus. Er spricht dem Tastsinne an und für sich noch nicht die Fähigkeit zu, uns die Vorstellung vom objektiven Dasein eines Außendinges zu vermitteln; auch die Empfindung einer Bewegungshemmung reicht dazu nicht aus; es muß ein Willensimpuls damit verknüpft sein. Wollen wir uns nämlich bewegen und erfahren wir einen Widerstand, dann ist es uns klar, daß dieser Widerstand nicht aus uns kommt, sondern in einem von uns verschiedenen Dinge seinen Grund haben muß. So allein gelangen wir nach dieser Theorie, die, obwohl weit zurückreichend, in der neueren Philosophie keine geringe Rolle spielt, zum Bewußtsein und Begriff einer fremden Existenz, einer Außenwelt, eines Objektes; so sollen wir aber freilich auch unfehlbar dazu gelangen[34].

Soweit über Ideologie und Ideologen, eine Bezeichnung, deren Bedeutung im Laufe der Jahrzehnte einigermaßen schwankend geworden ist. Hier bedeutet sie zunächst eine Betrachtungsart, die die Entstehung der Ideen aus den einfachsten Bewußtseinselementen zu erklären unternimmt. Es war Napoleon, der unter diesen Begriff geringschätzig eine Gesinnungsrichtung faßte, die, in subjektiven Denkgebilden befangen, den Maßstab für die objektiven Weltgegebenheiten und Kräfte einbüßt. Und später hat Marx in weiterer Verfolgung desselben Gedankens seine Kritik der bürgerlichen Ideologie geübt, als einer Auffassung, die, den realen Unterbau des Geisteslebens verkennend, sich in schattenhaften Abstraktionen und Phantasmen bewegt. Ursprünglich ist unter Ideologie eben jener nüchterne Naturalismus gemeint, den Condillac, wie aus dem ersten Kapitel hervorgeht, in die Erforschung der Innenwelt nicht erst einführen mußte, den er und seine Schule aber mit besonderer Folgerichtigkeit und Restlosigkeit handhabten.

MONTESQUIEU

Condillac ist — mehr als d'Alembert oder ein anderer seiner Zeitgenossen — der eigentliche Systematiker der französischen Aufklärung. Aber die stärksten Einflüsse sind doch nachweisbar nicht von ihm ausgegangen. Wir müßten Voltaire, Rousseau, die Enzyklopädisten nennen; wir müssen vor allem Montesquieus gedenken, dessen Wirkung eine kaum minder durchgreifende gewesen ist als die jener Männer und sich keineswegs auf theoretische Errungenschaften beschränkt hat, sondern in die lebendige Praxis der Kultur übergegangen ist. Darin ist auch er ein echter Vertreter der Aufklärung gewesen, die ihren Schwerpunkt von der Theorie in die tätige Gestaltung der Dinge verlegt hat.

Von dem engen Zusammenhang, in dem sein Werk mit der Denkrichtung der ganzen Zeit steht, ist bereits die Rede gewesen. Condillac will, Lockes Spuren folgend, zeigen, wie das gesamte Bewußtsein in der Vielfältigkeit seiner Inhalte sich aus einfachsten Elementen aufbaut, ohne daß etwas anderes zugrunde gelegt würde als sinnliche Erfahrung. Auch Montesquieu geht analytisch vor und ist wesentlich positivistisch orientiert. Nach dem Wesen des Rechtes und des Staates, mit dem sich die Naturrechtler und Vertragstheoretiker, Althusius, Grotius, Spinoza, Hobbes, unaufhörlich auseinandergesetzt hatten, fragt er nicht. Das Prinzip des Naturrechtes steht in einem unverkennbaren Zusammenhange mit dem Prinzip der angeborenen Begriffe. Und es ist klar, daß eine Denkart, die sich beflissen zeigt, von dem letzteren loszukommen, auch in bezug auf das erstere das gleiche Bestreben kundgeben muß. An Stelle der aprioristischen Konstruktion der Begriffe von Recht, Staat und Gesellschaft tritt die Analyse ihrer tatsächlichen Gegebenheiten, an Stelle der Fragen nach dem metaphysischen Wesensgrunde, deren sich Condillac ebenso wie d'Alembert und Voltaire hinsichtlich der Natur, der Materie, der Seele enthalten hatte, die Einschränkung auf die Erscheinungen selber, ihren Ablauf und ihre Verknüpfung[35].

Was Montesquieu unternimmt, ist nun viel mehr als eine vergleichende Rechtsgeschichte; es ist eher eine genetische Theorie des Rechtes, die ihren Gegenstand in die allgemeinsten natürlichen Zusammenhänge physikalischer, geographischer, anthropologischer, psychologischer Art eingliedert. Sind diese Betrachtungen auch größtenteils nach rückwärts oder auf die bestehenden Verhältnisse hin orientiert, dienen sie lediglich der Ableitung bestimmter gesetzlicher Zusammenhänge; so ergeben sich aus ihnen doch auch hinlänglich Folgerungen für die Neugestaltung der Dinge. In dem, was Montesquieu über das Ideal einer richtigen Verfassung sagt, liegt eine strenge Kritik der damaligen französischen Verhältnisse eingeschlossen. Diese hat, wie wenig das auch in der Absicht des Verfassers gelegen sein mochte, der Revolution vorgearbeitet; sie hat den Glauben an die Unbedingtheit der herrschenden Gewalten erschüttert, indem sie der Überzeugung von der Relativität des geltenden Rechtes den Weg bereitete.

Charles Secondat, Baron de la Brède et de Montesquieu, wie sein voller Name lautet, wurde im Schlosse Brède am 18. Januar 1689 geboren und lebte bis zum Jahre 1755, also bis zu der Zeit, in der das Schrifttum der französischen Aufklärung sich seinem Höhepunkte näherte. Er selbst gehört also zu den älteren Vertretern derselben, was sich auch in seiner maßvollen, mit der Angriffslust der späteren unverkennbar kontrastierenden Haltung bekundet. Eine Zeitlang übte er öffentliche Funktionen aus, zog sich aber bald vollständig ins Privatleben zurück. Er unternahm dann Reisen, die ihn durch Österreich, Ungarn, Italien, die Schweiz, Deutschland, Holland und England führten und ihm ein reiches Material kultureller Beobachtungen lieferten, das seinem Hauptwerke zugute kommen sollte. Die stärksten und nachhaltigsten Eindrücke hat er, wie Voltaire, in England empfangen. Von seinen Reisen kehrte er schließlich zu seinem Heimatsorte, ins Schloß seiner Ahnen, zurück, wo er sich nun ganz der Abfassung seiner Schriften widmete.

Weltmännische Klarheit und Eleganz, Ehrlichkeit und Objektivität des Gedankens und Ausdruckes, verbunden mit dem echten Bedürfnis, die Menschheit aufzuklären und die sittliche Entwicklung zu fördern, sind der Grundcharakter dieser Persönlichkeit und ihres Schaffens. Wenn man ihn mit dem kühlen Skeptiker La Rochefoucauld verglichen hat, so ist damit bloß die eine Seite seines Wesens berührt; wiewohl andrerseits nicht in Abrede gestellt werden kann, daß ihm der letzte Einsatz des ethischen Idealismus gefehlt hat. Das beweist zum Beispiel seine Rechtfertigung der Negersklaverei, die, wie Voltaires Urteil über die Juden, bezeugt, daß die Idee der „Humanität" auf diesem Boden noch nicht zu ihrem vollen Durchbruch gelangt ist. Montesquieus unpersönliche Schreibweise ermangelt gleichwohl nicht gänzlich der Farbigkeit und Lebhaftigkeit. Über ihn selbst werden wir am besten durch seine Briefe und die „Pensées diverses" („Verschiedene Gedanken") belehrt [36]. Ein überlegener Verstand, der die Empfindsamkeit nicht unterdrückt, aber sie mit vollendeter Sicherheit handhabt, ihrer wohl auch gelegentlich spottet, eine feine Beobachtungsgabe, in der sich Wohlwollen und Menschenverachtung die Wagschale halten, ein stolzer Unabhängigkeitssinn, dessen übermäßige Hervorkehrung an Selbstgefälligkeit streift, und schließlich ein Hang zum Wohltun, der indessen in keine tieferen Seelenschichten hineinreicht und eher ein auf die Mitwelt erweiterter Glückstrieb ist als eine Kundgebung der Nächstenliebe: das sind die sichtbarsten Merkmale dieser Bekenntnisse.

Dem Zuge der Zeit folgend, verfaßte Montesquieu zunächst mehrere naturwissenschaftliche Abhandlungen, die wenig zu bedeuten haben. Seine erste Schrift, die einen breiten Erfolg hatte, sind die „Lettres persanes", 1721, („Persische Briefe"), die unmittelbar zwar für die Philosophie kaum in Betracht kommen, aber ein sehr interessantes kulturpsychologisches Dokument sind und als solches auch heute noch ihre Wirkung nicht verfehlen. Einige Orientalen, die das westliche Europa, zumal Frankreich, bereisen, tauschen in Briefform ihre Eindrücke aus. Gerade die naive Ausdrucksweise ist das Deckschild einer um so beißenderen Kritik, die vom Verfasser an den französischen Verhältnissen geübt wird. Und worauf erstreckt sich die Kritik? D'Alembert hat es in seinem Nachruf, „Eloge de Montesquieu", wohl am erschöpfendsten zusammengefaßt: auf die Neigung, nichtige Dinge ernst zu nehmen und ernste um so frivoler zu behandeln; auf das Raffinement und eben deswegen die Blasiertheit des Genusses; auf den Widerstreit von Theorie und Praxis; auf das Übermaß eines eitlen Geltungsbedürfnisses; auf die Extravaganzen eines Geschmackes, der zu seiner Verteidigung nichts anderes anführen kann, als daß er überall Nachahmung findet; auf die bornierten Vorurteile, die sich einerseits in der brutalen Verachtung nützlicher Tätigkeiten, wie des Handels und der Verwaltung, kundgeben, andererseits in der lächerlichen Überschätzung literarischer Kontroversen und Kleingeistereien. Wenn Montesquieu einen Franzosen erstaunt ausrufen läßt: Wie kann man Perser sein?, so hat man selbstverständlich anstatt Perser zu lesen: Europäer oder Franzose. Für den, der sie richtig aufzunehmen weiß, ist diese Schrift freilich viel mehr als eine geistreiche Satire: sie verrät die Fähigkeit des Verfassers, sich in fremde seelische Atmosphären und Kulturen einzusenken, das Gesetz und die Formel ihrer natürlichen Bedingtheiten zu entdecken, und so weist sie zu den späteren Werken, dem über Größe und Verfall des römischen Reiches und dem Hauptwerk über den Geist der Gesetzgebung hinüber.

1734 erschien die berühmte Schrift „Sur la cause de la grandeur et de la décadence des Romains" („Über die Ursache der Größe und des Verfalles der Römer"). Sie ist ein wichtiges Kapitel Geschichtsphilosophie; sucht sie doch an einem besonders ausdrucksvollen Einzelfall allgemeine Prinzipien der Erhaltung, des Wachstums und Niederganges der Staaten zu entwickeln. Als Ursache der Größe des Römerreiches führt Montesquieu an: Freiheitsliebe, Patriotismus, Fleiß, Disziplin, Energievermehrung durch Austragung innerer Zwistigkeiten, die aber stets vor der Notwendigkeit, äußeren Angriffen zu begegnen, zurücktraten, Standhaftigkeit, zähes Ausharren im Kampf und eine gesunde Realpolitik; als Ursache des Niederganges: übermäßige Vergrößerung des Staates, Zersplitterung der Kräfte durch Kriege an den Reichsgrenzen, spätere Verleihung des Bürgerrechtes an alle unterworfenen Nationen, Einführung eines asiatischen Luxus, Ende der Republik und Herrschaft der Cäsaren, schließlich Dezentralisierung durch Reichsteilung.

Man sieht in diesen Schriften schon die Elemente zutagetreten, die Montesquieus berühmtes Hauptwerk: „De l'esprit des lois" („Über den Geist der Gesetze", 1748) aufbauen. Wenn die Perserbriefe den europäischen Horizont erweitern und in genialer Selbstverständlichkeit die Physiognomie ganz anderer Kulturen zeichnen, denen die unsrigen als Barbarei und Entartung erscheinen; wenn das Werk über die Römer die strenge Ursachenforschung, den logischen Funktionalismus des Grundes und der Folge auf das Gebiet der historischen Tatsachen überträgt, so vereinigt der „Geist der Gesetze" beides. Es wird aus dem Faktum, daß es nicht e i n Gesetz, sondern Gesetze gibt, in einer bisher nicht annähernd erreichten Weise Ernst gemacht. Die Starrheit des politischen und juristischen Gesetzesbegriffes wird gelöst. Gleichwohl ist Montesquieu kein bloßer Relativist. Er begnügt sich nicht mit dieser Auflösung eines vermeintlich Einen in eine bunte Vielfältigkeit; er setzt nicht an Stelle des Dogmatismus eine vage Skepsis, sondern er ist ausgesprochener Rationalist. Er sucht, wie schon der Titel des Buches besagt, das Gesetz der Gesetzgebung, das Gesetz der Gesetze, gleichsam ihr unzerstörbares Knochengerüst zu erforschen. Denn er ist überzeugt davon, daß ein solches besteht, daß die Gesetze, so absurd und willkürlich sie im einzelnen auch erscheinen mögen, aufs innigste verflochten sind mit der äußeren und inneren Gesetzmäßigkeit der Erscheinungen; mit der Form und Verfassung der Staaten; mit Sitten und Bräuchen der Einwohner; mit Klima und Bodenbeschaffenheit des Landes. Aus dieser Problemstellung, die im Altertum schon von Theophrast, in der neuen Zeit von Bodin eingenommen worden war, geht freilich zugleich hervor, daß für Montesquieu der Mensch letzten Endes ein Naturwesen ist, und daß es für ihn bloß verschiedene Höhenlagen des natürlichen Seins gibt. Auch darin zeigt er sich als ein echter Sohn der Aufklärung. Denn diese Verbindung von Natur und Vernunft, diese Überzeugung von der Einheit beider, vom natürlichen Charakter der Vernunft und vom vernünftigen Charakter der Natur — allerdings nicht im Hegelschen Sinne —, dieser rationale Naturalismus erweist sich als eines der markantesten Kennzeichen der Aufklärung.

Die Gesetze werden gleich am Eingange des Werkes als die notwendigen Beziehungen definiert, die sich aus der Natur der Dinge ergeben. Es gibt ein allgemeines Vernunftprinzip und die einzelnen Gesetze drücken das Verhältnis zwischen ihm und den verschiedenen Wesen aus. Gott hat ein Verhältnis zum Weltganzen als sein Schöpfer und Erhalter; die Gesetze der Schöpfung sind zugleich die der Erhaltung; er handelt nach diesen Gesetzen, weil er sie kennt; und er kennt sie, weil er sie selbst geschaffen hat; er hat sie geschaffen gemäß seiner Macht und Weisheit. Es gibt also ein Gerechtes und Ungerechtes an sich, als Maßstab der einzelnen Gesetze; man kann daran ebensowenig zweifeln wie an der von der jeweiligen Wahrnehmung unabhängigen Gültigkeit des Satzes, daß die Radien eines Kreises gleich sind [37]. Von dieser seiner rationalistischen Grundüberzeugung macht nun Montesquieu allerdings wenig Gebrauch, denn, wie gesagt, er verfährt in der Anwendung des Gedankens durchaus positivistisch; er fragt nicht danach, was das Recht an und für sich sei, sondern wie und unter welchen Bedingungen es sich im gegebenen Einzelfalle gestalte.

Der Stoff des Werkes ist ein überaus mannigfaltiger und reichhaltiger, und die Gliederung ist keine durchweg klare und übersichtliche; ja, man gewinnt den Eindruck, stellenweise noch dem Rohmaterial gegenüberzustehen, das der geniale Geist des Verfassers kaum zur Hälfte bewältigt hat. Aber gerade diese Fülle des Gebotenen erhöht das Interesse; und die Einheit und Totalität des Ganzen bleibt trotzdem wesentlich unverkürzt, weil sie weniger in einer Summe erarbeiteter Resultate als in der Methode der Betrachtung selbst gesucht werden muß. Die ersten acht Bücher beschäftigen sich mit der Natur und den Prinzipien der verschiedenen Regierungsformen; die folgenden fünf mit dem Wesen der Armee, der politischen Freiheit, der Steuern; die folgenden sechs mit dem Einflusse des Klimas und des Bodens auf Sitten, Gebräuche und Rechtsgewohnheiten der Völker; weitere neun Bücher sind Untersuchungen über den Handel, das Geld, die Bevölkerungsfrage gewidmet; die nächsten drei den Beziehungen zwischen Religion und Politik; die abschließenden fünf behandeln die Revolutionen im alten Rom, die Zivilgesetze Frankreichs, die Feudalgesetze.

Die Gesetze jeder Nation sind also Anwendungen des allgemeinen Vernunftprinzipes, als welche sie der Besonderheit der Verhältnisse angepaßt sein müssen, unter denen jede Nation erwächst; angepaßt der Regierungsform, der geographischen Lage, dem Boden, dem Klima, dem Umfange des Landes; angepaßt der allgemeinen Beschäftigung und Lebensführung der Einwohner, dem Grade ihrer Zivilisation, ihrem Wohlstande, ihren religiösen Vorstellungen, ihrem Freiheitsbegriff, ihrer Anzahl, ihrer ganzen inneren und äußeren Beschaffenheit. Gesetze sind demgemäß nicht einfach übertragbar, man kann sie nicht einfach aus einem Milieu in ein anderes verpflanzen. Es ist kein Zweifel, daß sich Montesquieu mit dieser Erkenntnis der historischen und geographischen Bedingtheit des Rechtes — ähnlich wie Voltaire in seinem „Essai sur les mœurs" mit der von der gleichen Bedingtheit der Sitten — über den alles nivellierenden Verstandesschematismus erhob, dem der Durchschnitt der Aufklärung stets anheimzufallen drohte; und daß er jenem einfühlenden Verständnis des geschichtlichen Werdens vorarbeitete, das die Romantik dann so ungemein vertieft hat. Aber ganz ist jene Tendenz der Schematisierung weder bei ihm noch bei seinem berühmten Zeitgenossen überwunden. Denn beide gehen dennoch nicht von den lebendigen Völkerindividualitäten aus, in denen sich nach Hegel die absolute Idee konkretisiert, sondern von allgemeinen, abstrakten Prinzipien, die sich in den verschiedensten Kombinationen erfüllt finden. Es ist immer die Methode der Analysis, die jeden beliebigen Komplex in eine Reihe einfacher Elemente zerlegt, aus denen er zusammengesetzt ist. Die Elemente, auf deren Erforschung es schließlich ankommt, addieren sich zum Komplex, der demnach kein selbständiges Leben führt. Die Unübertragbarkeit der Gesetze bedeutet für Montesquieu zum Beispiele, daß aus einem Komplex A B C das A nicht schlechtweg isoliert werden darf, um einem anderen Komplex A'B'C' — etwa an Stelle von A' — eingefügt zu werden. Es ist also noch eine durchaus analytische, mechanische Auffassung, die hier vertreten wird [38]. Zur organischen Auffassung der Völker und Kulturen als lebendiger Einheiten, die bloß synthetisch erfaßt werden können, jener Auffassung, die Hegel ganz konsequent in die Geschichte eingeführt hat, ist weder Montesquieu noch Voltaire vorgedrungen.

Was die einzelnen Theorien des Werkes über den Geist der Gesetze anbelangt, so müssen wir uns hier auf die wichtigsten beschränken. Das typisierende Verfahren des Autors gibt seinen Resultaten etwas Konstruktives, Gewaltsames, aber zugleich sichert es seinem Denken die Spannung und Energie, die es auszeichnen. Er unterscheidet die vier Staatsformen der Demokratie, der Aristokratie, der Monarchie und des Despotismus. Jede dieser Staatsformen hat ihr beherrschendes Prinzip; das der Demokratie ist die Tugend, das der Aristokratie die tugendvolle Mäßigung, das der Monarchie die Ehre, das des Despotismus die Furcht [39]. Von der Stärke der genannten Prinzipien hängt die Kraft der durch sie bedingten Staatsformen ab. Der Einwand, der sich hier aufzudrängen scheint, daß doch keine Verfassung der Tugend entraten kann, ist nicht stichhaltig, weil Montesquieus Tendenz ja eben darauf gerichtet ist, die spezifische Triebfeder jeder Verfassung hervorzuheben; er leugnet natürlich nicht, daß dieser Triebfeder Motive sich verbinden müssen, die allen gemeinsam sind [40]. Was nun in der Monarchie möglich, ja sogar geboten ist, muß es keineswegs in der Republik sein, und umgekehrt; so ist dort der Luxus unentbehrlich, während er hier schädlich ist. Am bekanntesten ist Montesquieus Lehre von der notwendigen Trennung der drei Gewalten, der legislativen, der exekutiven und der richterlichen. Die legislative soll von einer vom Volke gewählten Vertretung ausgeübt werden; die exekutive, als diejenige, die einer schleunigen Handhabung bedarf, soll in den Händen eines Monarchen ruhen [41]. Hier hatte Montesquieu das Vorbild der englischen Verfassung vor Augen. Von besonderer Wichtigkeit ist seine Definition der Freiheit, welche die Lockes für die Gesellschaftslehre weiterzubilden und zu verwerten strebt. Freiheit ist nicht einfach das Vermögen zu tun, was man will, sondern in einer Gesellschaft, die auf Gesetze gegründet ist, zu tun, was man wollen soll, und nicht tun zu müssen, was man nicht wollen soll [42]. Tugend ist ebenso weit von Unfreiheit wie von Willkür entfernt. So bedeutet auch wahre Gleichheit keineswegs, daß man niemandem befehle und niemandem gehorche, sondern daß man bloß Gleichen befehle und gehorche. Im Naturstande herrscht absolute Gleichheit; durch die Gesellschaft wird sie aufgehoben, um in einem höheren Sinne durch das Gesetz wiederhergestellt zu werden [43]. So sehen wir hier in durchaus nüchterner, deshalb aber nicht weniger wirksamer Weise die wichtigsten Ideen und Ideale vertreten, die später durch die französische Revolution zum Siege gelangt sind. Freilich verleugnet sich auch hier in keiner Weise, was ich früher über das Fehlen einer ethischen Begeisterung bei Montesquieu gesagt habe. In seiner Beurteilung der Tugenden und Laster huldigt er sogar einem bestimmten Machiavellismus der Moral, dessen Spuren schon in seinen früheren Werken sichtbar werden, und der nach ihm noch deutlicher bei den Materialisten, namentlich bei Lamettrie und Helvetius, zum Vorschein kommt; so, wenn er sagt, daß der steigende Einfluß weiblicher Gesellschaft die Sitten verderbe, aber den Geschmack veredle [44], oder wenn er weiter im Stolz ein hemmendes, in der Eitelkeit hingegen ein förderndes Motiv der nationalen und sozialen Entwicklung erblickt, als Beispiele dafür Spanien und Frankreich anführend [45]. Er ist eben, wie die meisten der französischen Aufklärer, ein rationaler Naturalist; und zwar in einer Weise, die dem Naturalismus das Übergewicht sichert. So sehr auch Montesquieu der Religion äußere Reverenz erweist und gegen Bayle Stellung nimmt, die vernünftige Natur, innerhalb deren sich die strengen Grenzlinien zwischen Gut und Böse sacht verwischen, ist das wahre Objekt seines Glaubens, das den an ein absolutes Sittengesetz und eine höhere Ordnung der Dinge mehr und mehr verdrängen muß.

VOLTAIRE

Eine philosophische Darstellung Voltaires, die sich auf einen ganz knappen Umfang einzuschränken hat, ist eine wenig dankbare Aufgabe. Ist sie doch genötigt, eine Weltansicht in ihre Elemente aufzulösen, die ihre Bedeutung und Wirkung nicht so sehr den Elementen als der unvergleichlichen Art ihrer Verknüpfung und Stilisierung verdankt! Außerdem sind diese Elemente dermaßen in das Bewußtsein der Menschheit übergegangen, daß es uns schwer fällt, sie auf ihren Urheber zurückzubeziehen. Sein Ruhm wird dadurch freilich eher erhöht als geschmälert. Den „größten Zeitlichen" hat ihn neuerdings Graf Keyserling genannt [46]. Darin ist enthalten, daß Voltaire das Geheimnis seiner Zeit ausgesprochen, ihm die Form gegeben hat, deren es benötigte, über seine Zeit aber nicht hinausgedacht hat; daß er also mehr ein Interpret als ein Schöpfer gewesen ist.

Im übrigen gilt von ihm Schillers Wort über den „Wallenstein":

„Von der Parteien Haß und Gunst verwirrt,
Schwankt sein Charakterbild in der Geschichte."

An diesem Schwanken hat freilich seine eigene, nicht immer klare und einwandfreie Haltung ihren Anteil. Maßloser Ehrgeiz, Bedürfnis nach äußerem Glanze, Eitelkeit, Empfindlichkeit, Gewinnsucht verunzieren die Physiognomie einer Persönlichkeit, deren vornehmstes Kennzeichen doch ein echter, unbestechlicher Enthusiasmus für Wahrheit, Gerechtigkeit, Menschlichkeit bleibt. Wie sind solche Widersprüche zusammenzureimen? Vielleicht dadurch, daß Voltaires Idealismus mehr im Gefühl als im Charakter und in der Gesinnung wurzelte; sodann, daß er der Antipathie, dem Hasse gegen das Böse, mehr Raum gab als der unmittelbaren Liebe zum Guten, was, sich in seinem Hange zum Spott, zur Ironie, zur Satire äußernd, solchermaßen den Mächten der Verneinung die Tore seiner Seele öffnete.

Sein außerordentlicher Einfluß ist nicht zum mindesten in seiner Universalität begründet. Er ist in den meisten Gebieten des Wissens und Schaffens heimisch gewesen; er war Künstler, Forscher und Denker; Dramatiker, Epiker, Novellist, Epigrammatiker, Satiriker, Essayist; Physiker, Historiker, Theologe; Naturphilosoph, Erkenntnistheoretiker, Psychologe, Kultur- und Gesellschaftsphilosoph, Metaphysiker. Nicht als ob er, wie etwa Leibniz, auf jedem dieser Gebiete oder auch bloß auf einem derselben bahnbrechend oder wegweisend gewirkt hätte; man kann ruhig behaupten, daß er nirgends in die letzte Tiefe schürfte; er ist kein Systematiker, vielleicht nicht einmal ein echter Enzyklopädist oder Polyhistor gewesen. Aber er war ein lebendiger Mensch. Das bezeugt sich in allem Guten und Schlechten, das von ihm ausging; und das gab ihm sein Übergewicht über die Mehrzahl seiner Zeitgenossen, auch über die Tieferen und Gründlicheren.

Voltaires Leben und Schicksal hat sich keineswegs in der Einsamkeit abgespielt, ob er diese auch schon frühzeitig und später immer ausschließlicher freiwillig gewählt hat. Aber ein Einsiedler ist der Schloßherr von Ferney dennoch niemals gewesen, und nicht einmal der Druck der äußeren Verhältnisse hat ihn dazu gemacht. Durch tausend Fäden hing er mit der Öffentlichkeit zusammen; und nicht allein durch solche des Geistes und Gemütes; sein übermäßiger, durch die Gegenkräfte der Vernunft und Gesinnungstreue nicht genugsam in Schranken gehaltener Ehrgeiz verschmähte auch die Bindungen der großen Welt nicht; er stand wiederholt im Mittelpunkte eines weit ausgespannten Netzes von Intrigen. Mit der Lebensführung eines Descartes, Spinoza, Malebranche wird man die seinige nicht vergleichen können; eher mit der unruhigen, Schauplatz und Richtung der Betätigung immer wieder wechselnden eines Bruno oder Leibniz; oder mit der des Lordkanzlers Bacon, der freilich noch rückhaltloser den Verlockungen des äußeren Glanzes nachgegeben hat. So setzt sich auch Voltaires Schicksal aus mannigfachen Wechselfällen zusammen, in deren Wiedergabe wir uns freilich auf den knappsten Raum beschränken müssen.

Francois-Marie A r o u e t l e J e u n e, wie sein eigentlicher Name lautete, wurde am 20. Februar 1694 als Sohn eines kleinen Adeligen, der das Amt eines Schatzmeisters ausübte, in Chatenay geboren. Seine erste Ausbildung erhielt er wie Descartes bei den Jesuiten, denen er denn auch später noch in seinem heftigen Kampfe gegen Kirche und Christentum zeitweilige Schonung angedeihen ließ. Seine reichen, sich schon in früher Jugend bezeugenden Anlagen wurden von seinen Lehrern gewürdigt, fanden dann aber im Vaterhause keine Förderung. Insbesondere erregte es das Mißfallen des alten Arouet, daß sein Sohn, aus dem er einen tüchtigen Beamten machen wollte, sich der literarischen Laufbahn zuwandte und Verse schmiedete. Er verbot ihm das Haus, und Voltaire sah sich eine Zeitlang zu ruhelosem Herumwandern genötigt. In diese Epoche fällt die Entstehung der „Henriade" und einiger seiner Dramen, die bald das Interesse der Öffentlichkeit auf sich zogen. Voltaire stand am Beginn einer glänzenden Laufbahn; aber sein beißender Spott zog ihm die Feindschaft eines hohen Adeligen zu, der ihn durch seine Lakaien auf offener Straße mißhandeln ließ; Voltaire forderte Genugtuung; Verhaftung und Exil waren die Antwort, die dem Vorkämpfer für Gerechtigkeit und Befreiung den deutlichsten Beweis dafür erbrachte, wie es damals um jene beiden Ideale in Frankreich bestellt war. Aber diese Wendung seines Schicksals sollte ihm dennoch zum Segen gereichen. Er begab sich nach England, und die Berührung mit dem dortigen Geistesleben wurde für seine eigene Entwicklung unendlich fruchtbar und wies ihr erst Ziel und Richtung. Wie Montesquieu, ja in noch viel stärkerem Maße als er, hat er auf diesem Boden die für sein weiteres Leben entscheidenden Einflüsse empfangen. Er lernte Newton, Locke, Shaftesbury in ihren Werken kennen, und hier fand er, was er brauchte, Abbau und Aufbau zugleich; Abbau all dessen, was sich nicht vor dem Forum der Vernunft rechtfertigen konnte; Aufbau einer neuen physischen, moralischen, ästhetischen, kulturellen Welt aus den Elementen der Vernünftigkeit. Das Licht der Aufklärung, das in England zwar noch gedämpft, aber doch mit unaufhaltsam wachsender Helligkeit leuchtete, durch Frankreich zu verbreiten, war nunmehr der Beschluß, der unabänderlich in ihm feststand. Er wollte sich dabei aller Mittel der Klugheit bedienen, die den Enderfolg sicherten, wenn sie ihn auch zeitweilig hinausschoben oder einschränkten. Eine Märtyrernatur ist Voltaire nicht gewesen. Er hat unzweifelhaft Mut besessen; er hat wiederholt seine Ruhe, seine äußere Stellung, sogar seine Sicherheit aufs Spiel gesetzt. Aber die Kraft des letzten, unbedingten Einsatzes hat er nicht bewährt; wenn es darauf ankam und seiner Person — und wie er meinte —, deshalb auch der Sache, die er vertrat, gedient war, verstand er sich auf einen taktischen Rückzug, der dann freilich bloß einen neuen Vorstoß vorbereiten und maskieren sollte; solchermaßen ist er doch weniger ein Prophet als ein Politiker oder, wenn man will, ein Stratege der Aufklärung gewesen.

Die erste Frucht dieser seiner intensiven Beschäftigung mit der englischen Literatur sind die „Lettres sur les Anglais" („Briefe über England") gewesen, deren Inhalt später auf seine verschiedenen Schriften, namentlich den „Dictionnaire philosophique", verteilt wurde. Ihr Erfolg war ein außerordentlicher, und sie trugen viel dazu bei, die geistigen und kulturellen Beziehungen zwischen den beiden Ländern zu verstärken; allerdings brachten sie dem Verfasser seitens der Kirche und der offiziellen Wissenschaft neue heftige Anfeindungen, die bloß vorübergehend aussetzten. So kam es, daß sein Pariser Aufenthalt, auch nachdem er die Bewilligung zur Rückkehr erhalten, nicht von langer Dauer war. Er begab sich auf das Schloß seiner gelehrten Freundin, der Marquise du Châtelet, nach Cirey und verbrachte in fortwährender Arbeitsgemeinschaft mit ihr einige Jahre ländlicher Zurückgezogenheit, die seiner Produktivität sehr zugute kamen. Hier verfaßte er um das Jahr 1735 sein bedeutsames Werk „Eléments de la philosophie de Newton" („Elemente der Newtonschen Philosophie"), in dem er seine bisher auf den Kartesianismus eingeschworenen Landsleute mit den Entdeckungen und Gedanken des großen britischen Forschers und Philosophen vertraut machte. Einen neuen wichtigen Einschnitt im Leben Voltaires bezeichnet seine Reise nach Berlin, an den Hof seines Freundes und Bewunderers Friedrich des Großen, der ihn schon wiederholt zu sich gebeten hatte. Aber die nähere Berührung beider Männer ließ bald tiefe Gegensätzlichkeiten zutage treten [47]. Äußere Umstände trugen zu deren Verschärfung bei. Lamettrie, des Königs Leibarzt, und insbesondere Maupertuis, vom König zum Präsidenten der Berliner Akademie ernannt, neideten Voltaire seine neue Stellung und trachteten, sie mit allen Mitteln zu untergraben. Unzweifelhaft hat er sich auch empfindliche Blößen gegeben; ein mißlungenes Geldgeschäft kompromittierte ihn; einige boshafte Äußerungen über Friedrich wurden demselben hinterbracht. Schließlich kam es zum Bruche, und Voltaire verließ den Hof, um in sein Vaterland zurückzukehren. Auf dem Wege dahin wurde er in Frankfurt durch einen Agenten seines bisherigen Protektors unter der Anklage, mehrere seiner Manuskripte widerrechtlich mitgenommen zu haben, in Haft genommen; und erst nach dreiwöchentlicher Gefangenschaft gelang es ihm, wieder die Freiheit zu gewinnen. Während dieser und der darauffolgenden zwei Jahre, die er im Elsässischen verbrachte, hat er sich vorwiegend mit historischen Arbeiten beschäftigt. Dann wählte er seinen Wohnsitz an den Gestaden des Genfer Sees, wo er, betreut von seiner Nichte, bis hart an sein Lebensende verblieb. Hier fand er endlich die Ruhe und Sammlung, die es ihm ermöglichte, die regste Wirksamkeit auf verschiedenen literarischen Gebieten zu entfalten. Es entstanden hier der „Essai sur les mœurs" („Versuch über die Sitten"), eine großangelegte Kulturgeschichte, 1756, „Candide" 1758, der „Dictionnaire philosophique" („Philosophisches Wörterbuch") 1760—1764, „Le philosophe ignorant" („Der unwissende Philosoph") 1766, „De l'âme" („Über die Seele") 1774. In diesen Jahren, in denen er den Versuchungen der großen Welt standhaft entsagte, wuchs seine Gestalt erst zu wahrhaft europäischer Größe heran. Unbeirrbar vertrat er die Sache der Aufklärung, der Duldung und Humanität. Den Enzyklopädisten ist er aus der Entfernung ein eifriger Mitarbeiter und Mitkämpfer gewesen. Dem kirchlichen Fanatismus entriß er mit dem Einsatz seiner besten Kräfte manches unschuldige Opfer; und wo es, wie im Falle des von einer barbarischen Justiz hingemordeten Protestanten Calas, zu spät war, da brandmarkte er wenigstens das Verbrechen und stellte den Ruf des Märtyrers und seiner Nachkommen wieder her. Noch einmal sollte es ihm vergönnt sein, Paris wiederzusehen. Im hohen Alter begab er sich dahin und wurde der Gegenstand ungeheurer Ovationen, die ihm bewiesen, wie volkstümlich sein Werk und das von ihm verkündete Ideal inzwischen geworden waren. Aber die Anspannung und Aufregung brachen seine Kräfte, und so starb er inmitten des ihn umbrandenden Jubels am 30. Mai 1778 als Greis von 84 Jahren.

Fassen wir alles Gesagte zusammen, so begreifen wir leichter, daß man Voltaire so vielfach mißverstanden hat, ja, mit einer bestimmten Absichtlichkeit noch immer mißversteht. Die irrigsten Urteile sind auch heute noch über ihn im Umlauf. Man verschreit ihn als Ungläubigen oder Atheisten, während doch in Wahrheit die Überzeugung von dem Dasein Gottes einen der wichtigsten Punkte, vielleicht den Angelpunkt seiner Lehre bildet, er somit weder ein strenger Materialist noch ein Skeptiker oder gar ein Nihilist genannt werden kann. Voltaire hat den kirchlichen, dogmatischen Gottesbegriff der Offenbarung bekämpft, weil er ihm einer geklärteren religiös-moralischen Auffassung zu widerstreiten schien, und diesen Kampf hat er freilich mit den schärfsten Waffen geführt. Dermaßen konnte die irrige Meinung Raum gewinnen, es sei ihm lediglich auf Zerstörung und nicht auf Wiederaufbau angekommen. Darin ist Voltaire durchaus repräsentativ für die Aufklärung, daß er den Wert der Religion an den von ihr auf die Menschheit ausgehenden sittlichen Wirkungen mißt. Nicht bloß den herrschenden Kirchen, nein, so ziemlich allen Bekenntnissen und Sekten macht er den Vorwurf, Herde der Intoleranz zu sein, gegen die er sein berühmtes „Ecrasez l'infame" schleudert. Bedenkt man — um von allen anderen Verirrungen zu schweigen, wie sie sich namentlich im Dreißigjährigen Kriege ausgetobt haben — mit welch unversöhnlichem Hasse sich damals noch Jesuiten und Jansenisten in Frankreich bekämpften, was sie nicht daran hinderte, mit vereintem Grimme sich auf jede Kundgebung des freien Geistes zu werfen, so wird einem die besondere Erbitterung begreiflich, mit der Voltaire als Vorkämpfer seiner Zeit das herrschende System der Religiösität angreift. Er ist der erklärte Todfeind jedes Fanatismus, dessen ältesten und stärksten Ausdruck er im Alten Testamente findet. Daher seine tiefe Abneigung gegen die jüdische Religion, die er auf das gesamte Judentum, ja in weiterer Folge auch auf das Christentum überträgt. Denn er wirft den Juden nicht vor, daß sie das Christentum verleugnet, sondern daß sie es hervorgebracht haben. Am ausführlichsten spricht er sich in diesem Sinne in der vielgelesenen Schrift „Examen important de Milord Bolingbroke ou le tombeau du fanatisme" („Eine wichtige Untersuchung des Lord Bolingbroke oder Das Grab des Fanatismus") vom

Jahre 1736 aus, die wohl das Äußerste an Verkleinerungen und Schmähungen enthält, die jemals gegen Bibel und Christus ausgesprochen wurden. Von derselben Tendenz erfüllt, wenngleich im Akzent etwas gemäßigter, ist die Schrift „Dieu et les hommes" („Gott und die Menschen") unter dem Pseudonym „par le docteur Obern, œuvre théologique, mais raisonnable" („ein theologisches, aber vernünftiges Werk"). Auch im „Essai sur les mœurs" und in zahlreichen Schriften Voltaires finden wir parallele Stellen. Dem Offenbarungsglauben stellt er den der Vernunft gegenüber. Wir können, wir müssen uns ihr überlassen, denn sie versichere uns der Existenz Gottes ebensowohl wie der Geltung allgemeiner Moralprinzipien, ebenso wie wir ihr andererseits unsere mathematischen und physikalischen Erkenntnisse verdanken [48]. Während uns der Offenbarungsglaube aber auf Irrwege führe und die reine Auffassung der Gottheit verdunkele, setze uns die Vernunft in das richtige Verhältnis zu ihr. Durch sie sehen wir vor allem ein, daß es überhaupt einen Gott geben müsse. Die Beweise, deren sich Voltaire bedient, sind der kosmologische und der physikotheologische; von dem ontologischen, der aus dem Begriff Gottes seine Existenz deduziert, hält er sich als Sensualist und Empirist ferne. Es gibt etwas: also muß es ein absolutes, göttliches Wesen geben [49]. Denn die Einzeldinge haben sich ihr Dasein nicht selber gegeben; sie weisen somit auf einen erzeugenden Grund hin. Aber warum ist dieser erzeugende Grund ein göttlicher? Warum kann er nicht, wie später das „Système de la nature" dem kosmologischen Argument gegenüber behauptete, eine materielle Ursubstanz sein? Weil dem die Planmäßigkeit der Welt und unsere eigene Intelligenz widerspricht [50]. Aus ihnen müssen wir auf einen intelligenten Urheber schließen, so wie wir aus einer gutkonstruierten Maschine einen notwendigen Schluß auf einen tüchtigen Mechaniker ziehen. So weit leitet uns unsere Vernunft mit Sicherheit. Aber nicht viel weiter als bis hierher. Denn wir müssen uns davor hüten, Genaueres über Wesenheit und Merkmale der Gottheit auszusagen, wofern wir uns nicht in das unwegsame Gestrüpp der Theologie verirren wollen. Bloß die Einheit und Einzigkeit Gottes sehen wir vernünftigerweise ein, da die Annahme zweier oder mehrerer Gottheiten dem Begriff der Allumfassung und Vollkommenheit widerstreite, der notwendig mit ihm verbunden sei. Die Einheitlichkeit der Welt verlange einen einheitlichen Urheber [51]. Dieser müsse ferner, als die schöpferische Urmacht, einen Willen, und zwar selbstverständlich einen freien Willen haben. Nichtsdestoweniger behauptet Voltaire, daß man ihn ebensowenig durch das Attribut der Spiritualität wie durch das der Materialität bestimmen könne [52]. Was sonst von Gott hier ausgesagt wird, ist weniger dem theoretischen als dem moralischen Bewußtsein entnommen. Er ist unendlich gut und ist der gerechte Vergelter der guten wie der bösen Handlungen. Das wird freilich an keiner Stelle bewiesen. Voltaires Standpunkt nähert sich hier dem des modernen Pragmatismus, den ja in einem viel tieferen Sinne auch Kant in seinen Postulaten der praktischen Vernunft vorweggenommen hat. Der Glaube an einen solchen Gott ist ein notwendiges Prinzip unseres Wollens und Handelns. Voltaire unterläßt es hier auch nicht, sich auf die Übereinstimmung aller Religionen in diesem entscheidenden Punkte zu berufen. Er ist ihm der Kernpunkt des religiösen Empfindens und Denkens [53]. Auf ihn beschränkt sich der Wahrheitsgehalt der verschiedenen Konfessionen, die Voltaire mit Kanälen vergleicht, die, aus einer reinen Quelle entsprungen, durch schlammiges Erdreich getrübt seien [54]. Er kämpft somit gegen zwei Fronten: gegen Fanatismus und Atheismus als die beiden Pole des Irrtums: zwischen ihnen liege die schmale Zone der Wahrheit und der Tugend, die wir sicheren Fußes betreten sollen. Diese Zone sei die des Deismus, als dessen wirksamster Vertreter Voltaire zu betrachten ist [55]. Dem Atheismus trachtet er mit theoretischen und ethischen Argumenten beizukommen. Den kosmologischen Beweis stützt er durch die weitere Betrachtung, daß, wenn die Materie der absolute Urgrund der Welt wäre, sie mit ihren sämtlichen Eigenschaften und Verhältnissen notwendig existieren müßte, was unserer Vernunfteinsicht widerstreitet [56]; den teleologischen Beweis durch die Absurdität des Gedankens, der gegenwärtige, höchst gesetzmäßige und zweckvolle Zustand des Weltalls könne eine zufällige Auslese aus einer unendlichen Anzahl von Möglichkeiten sein [57]. Er geht auch auf die moralische Seite der atheistischen Auffassung ein. Bayle hatte gemeint, ein Staat von Atheisten könne sehr wohl bestehen. Voltaire bestreitet dies. Er meint zwar, der Atheismus sei noch immer dem Fanatismus vorzuziehen; er sei auch innerhalb eines geschlossenen Kreises intellektuell hochstehender Menschen mit einer guten Gesinnung vereinbar, müsse aber, wenn er in die Öffentlichkeit dringe, eine zerstörende Wirkung üben [58].

Wie verträgt sich aber die Tatsache des Übels, des Leidens und der Unvollkommenheit mit dem Gottesglauben? Diese Frage wird zu einer um so bedeutsameren, als Voltaire weit davon entfernt ist, jene Tatsache wegzuleugnen oder auch bloß abschwächen zu wollen. Die Offenheit und Wahrhaftigkeit seiner Haltung ist hier aller Achtung wert. Er verschließt sich den Argumenten des Pessimismus keineswegs, ja, er hat Schilderungen des menschlichen Elends gegeben, die an Schopenhauer gemahnen. Zumal das furchtbare Erdbeben in Lissabon vom Jahre 1755, das in vielen gläubigen Seelen schmerzliche Zweifel aufwühlte, hat auch auf ihn einen tiefen Eindruck ausgeübt. Man kann ihn keinen Optimisten nennen, gerade wenn man die Maßstäbe seines Zeitalters an ihn anlegt. Zu seiner Abneigung gegen Leibniz hat nicht wenig dessen Theodizee beigetragen. Gegen ihn richtet sich vor allem die bekannte Satire „Candide", in der er, wie auch sonst in zahlreichen Schriften, das Hinfällige jedes Versuches verspottet, diese Welt als die beste aller möglichen Welten hinzustellen. So deckt er auch die tiefe Unmoralität des Gedankens auf, daß die Übel der einzelnen Geschöpfe in ähnlicher Weise zur Vollkommenheit des Weltganzen gehören, wie sich einzelne Dissonanzen zur allgemeinen Harmonie einer Ouvertüre ausgleichen; er bezeichnet diesen Gedankengang als extravagant und lächerlich [59]. Es ist besser, wir verzichten auf die Lösung des Problems, gestehen seine Unlösbarkeit ein, als daß wir zu verlogenen Scheinlösungen die Zuflucht nehmen. Der Existenz Gottes sind wir sicher, wenn wir auf der anderen Seite auch die Existenz des Übels, des physischen wie des moralischen, nicht wegdisputieren können [60]. Wir können höchstens die Naturbedingtheit des physischen Übels einsehen, während das moralische sich aus dem schlechten Gebrauch erklärt, den wir von unserem freien Willen machen [61]. Allein Voltaire verhehlt sich selber nicht das Unzulängliche dieser Argumente; denn die Naturbeschaffenheit der Dinge und ebenso der Gebrauch, den der Mensch von seiner Freiheit macht, sind eben Ausflüsse der göttlichen Wesenheit [62]. Also bleibt uns nichts übrig, als zu resignieren und ihr gläubig zu vertrauen.

Vom Gottesproblem gelangen wir mit Notwendigkeit zu dem der S e e l e. Hier vertritt Voltaire durchaus den Standpunkt der Aufklärung, zumal Lockes. Wir können uns vom Begriff einer Seele gar keine Vorstellung bilden. Es ist viel unbegreiflicher, daß eine rätselhafte geistige Substanz, von der uns lediglich gesagt wird, sie stünde zur materiellen im Verhältnis ausschließender Gegensätzlichkeit, doch mit dieser zusammenwirken soll, als daß Gott der Materie das Vermögen eingepflanzt habe, zu empfinden und zu denken. Wir nehmen immer bloß seelische Phänomene, Eigenschaften und Fähigkeiten wahr, niemals aber eine Substanz. Wann soll die Seele auch geschaffen worden sein? Von aller Ewigkeit her? Oder im Moment der Empfängnis? Oder im embryonalen Zustande des Organismus? Oder im Moment der Geburt? Diese Annahmen sind insgesamt widersinnig und heben sich auf. Ein solches agierendes Prinzip in uns anzunehmen, das nicht in den Ablauf der körperlichen Vorgänge eingeschaltet ist, sondern außerhalb desselben steht und ihn von außen reguliert, heißt einen kleinen Gott in uns setzen, der imstande ist, die Weltordnung zu stören [63]. Es geziemt uns vielmehr, bescheiden unsere Abhängigkeit vom höchsten Wesen einzusehen und zu bekennen, daß wir wie die Tiere beseelte Maschinen sind, mit einem besseren Intellekte, dafür aber mit einem geringeren Instinkte als sie begabt. Nimmt man eine eigene Seelensubstanz an, dann degradiert man die Gottheit zu einer Mitursache [64]. Außerdem gerät man in die unlösbaren Schwierigkeiten des Okkasionalismus, der zwischen materieller und seelischer Substanz, nachdem er sie als äußerste Gegensätze konstruiert, naturgemäß keinerlei Beziehung finden kann und in dieser Verlegenheit Gottes Vermittlung anruft. Wenn aber Gott in der Seele einfach Empfindungen, Vorstellungen, Gedanken wecken kann, wozu bedarf es alsdann überhaupt der materiellen Organe, die doch in gar keinem Zusammenhang mit jenen stehen sollen? Sie sind dann eine völlig überflüssige und als solche unbegreifliche Zutat, die dem Grundprinzip widerstreitet, daß die Natur sich stets des kürzesten Weges bedient, um zu ihrem Ziele zu gelangen [65].

Näher betrachtet, ist Voltaires Kritik des Seelenbegriffes keine dogmatische Verneinung desselben. Es wird bloß dargetan, daß er nichts für die Erklärung der Tatsachen leistet. Dem Unsterblichkeitsproblem gegenüber gelangt Voltaire demgemäß zu keiner unbedingten Entscheidung, er läßt es wie die meisten Fragen der Metaphysik in der Schwebe [66]. Als theoretischer Philosoph entzieht er ihm freilich jede Grundlage; aber als Ethiker billigt er ihm einige Berechtigung zu. Auch die Behandlung des Freiheitsproblems bewegt sich in einer ganz ähnlichen Richtung. Wir sind frei, weil wir das Bewußtsein haben, es zu sein. Es ist ferner andererseits gerade das Gefühl der Unfreiheit ein Beweis für unsere Freiheit. Bloß muß man diese eben richtig verstehen und darf darunter kein metaphysisches, der Erfahrung und dem Naturzusammenhang widersprechendes Vermögen verstehen. In wörtlicher Übereinstimmung mit Locke erklärt Voltaire Freiheit als die Fähigkeit, zu tun, was man will [67]. Es ist deswegen schon irreführend, von einer Freiheit des Willens zu sprechen, denn Gedanke und Wille sind Abstraktionen und nicht reale Wesenheiten: real ist einzig und allein der denkende und wollende Mensch [68]; an Stelle der rationalen Psychologie tritt der psychologische Empirismus.

Als Naturphilosoph bewegt sich Voltaire durchaus in den Spuren Newtons. Sein Verdienst bleibt es ja, seinen Landsleuten vornehmlich durch die weitverbreiteten „Eléments" und die „Métaphysique de Newton" die Physik und die Philosophie des großen Engländers vermittelt zu haben. Der Boden dafür war schon einigermaßen durch Fontenelle und namentlich durch Maupertuis bereitet. Das Prinzip der allgemeinen Gesetzmäßigkeit und der Ersatz der teleologischen durch die ursächliche Betrachtungsweise hatten auf diesem Wege Eingang gefunden. Durch eine außerordentliche Darstellungsgabe und die leichtflüssige und durchsichtige Beredtsamkeit seines Ausdruckes vermag aber Voltaire seinen Vorgängern den Rang abzulaufen und Newton in Frankreich und über Frankreich hinaus Popularität zu verschaffen. Man vergleiche damit etwa die trockene und spröde Art, in der Condillac die Erkenntnislehre Lockes dem gleichen Kreise zugänglich gemacht hat! Für Voltaire verbindet sich dem naturphilosophischen freilich auch ein moralistisch-religiöser Gesichtspunkt. Newton ist ihm ein mächtiger Bundesgenosse in dem Vorstoß des Deismus gegen Atheismus und positive Religion. Hier findet er das

NATURPHILOSOPHIE UND ETHIK

Rüstzeug seiner Metaphysik: das Verhältnis der Gottheit zu Materie und Bewegung, die Einheit der Naturkräfte, die Bekämpfung der dogmatischen Annahme einer Seelensubstanz, die Selbstbegrenzung der Tatsachenforschung durch Ausschaltung der Hypothesenbildung. Voltaire hat sich in späteren Jahren, seiner natürlichen Begabung und einem Rate des berühmten Physikers Clairault folgend, von der mathematischen Physik ganz zur Philosophie, Poesie und Historie hingewendet.

Voltaires E t h i k ist der Hauptsache nach in seinem Gottesbegriffe enthalten. Er geht hier wie dort über die Skepsis und den Relativismus hinaus: die Unbedingtheit seines Theismus entspricht der Unbedingtheit seiner moralischen Grundauffassung. Gut und Böse, Recht und Unrecht sind weder angeboren noch lediglich konventionell; sie sind wie die mathematischen und logischen Sätze, wie der Begriff Gottes, durch die reife Kraft der Vernunft und Urteilskraft einzusehen, wenn sie auch vorübergehend getrübt werden können. Welches ist das Alter, so fragt sich Voltaire, in dem wir das Wesen des Rechtes und des Unrechtes zu erkennen vermögen? Und er gibt darauf die Antwort: das Alter, in dem wir erkennen, daß zwei und zwei vier sind[69]. Auch Voltaire zeigt also jene Verbindung von Sensualismus und Rationalismus, die von Locke an für die Aufklärung, zumal die französische, charakteristisch ist. Alle Erkenntnis ist aus den Sinnen entsprungen; das gilt ihm nicht als Hypothese, sondern als das Ergebnis exakter Analyse[70], wenngleich er anderwärts sagt, daß wir diese Entstehung selber, mangels eines sinnlichen Organes dafür, nicht zu erfassen imstande sind[71]. Dessenungeachtet gibt es absolute Erkenntnisse, nämlich die mathematisch-logischen und die moralischen. Von ihnen sagt er, daß sie für Gott ebenso gelten wie für den Menschen; es kann bloß e i n e Wahrheit und eine Gerechtigkeit geben. Der Unterschied ist wahrscheinlich allein der, daß Gott in einem einzigen, unteilbaren Akte umspannt[72], was sich dem menschlichen Bewußtsein in eine Reihe intellektueller Vorgänge auseinanderlegt.

Noch ist von Voltaires Bedeutung als K u l t u r - und G e s c h i c h t s p h i l o s o p h zu sprechen. Er ist ein gläubiger Vorkämpfer der Kultur, die er freilich wie die meisten seiner Zeitgenossen noch durchwegs mit Zivilisation zusammenwirft, hält aber auch hier zwischen Optimismus und Pessimismus die Mitte. Zu besonderer Lobrede treibt ihn hier vor allem der Widerspruch gegen Leugner des Kulturprinzips wie Pascal und Rousseau. Gegen den ersteren verficht er die Überzeugung, daß wir eine positive Entwicklung vollziehen. Er rühmt die Fortschritte der Aufklärung in ganz Europa und verspricht sich von der Zukunft noch mehr[73]. Wohl ist der Mensch ein egoistisches Wesen; aber der Egoismus ist, richtig verwendet, nicht allein vereinbar mit der Kultur, sondern auch notwendig für sie; ein Gedankengang, dem wir bei den Aufklärern noch oft begegnen werden[74]. Mit ziemlicher Schärfe wendet er sich auch gegen Rousseau, dem er freilich nicht gerecht wird. Die Rückkehr zum Naturzustande erscheint ihm als etwas Unnatürliches. Denn es ist natürlich, daß der Mensch von seinen Gaben und Kräften Gebrauch mache, die zum Aufbau von Kultur und Zivilisation geführt haben. Das ist der Grund dafür, daß der zivilisierte Mensch naturgemäßer lebt als der Wilde[75]; ein Gedankengang, dem wir ebenfalls wieder bei anderen Vertretern der Aufklärung begegnen. Für das Problem der Gesellschaft und des Staates ist Voltaire nicht unmittelbar interessiert. Daraus erklärt sich seine schwankende Haltung in diesen Fragen, denen gegenüber es ihm kaum Bedürfnis war, zu einer letzten Klarheit der Entscheidung vorzudringen. Sein Standpunkt ist auch hier vor allem der humanistische; es ist, von der sozialen und politischen Seite gesehen, wohl der Standpunkt, der in der Folgezeit durch den gemäßigten Liberalismus bezeichnet ist. Ein Revolutionär ist Voltaire ganz und gar nicht gewesen; man darf ihn mit weit besserem Rechte einen intellektuellen Aristokraten nennen. Darum war ihm alles verhaßt und hat er gegen alles gekämpft, was von oben wie von unten die freie Entfaltung und Äußerung des Gedankens bedrohte: sie ist die Voraussetzung und Grundlage aller anderen Freiheiten[76]. Die Tyrannei der Kirche erscheint ihm deswegen als die verderblichste; nach ihr erst die der weltlichen Obrigkeiten, der gegenüber er freilich nicht die gleiche Schärfe und Rücksichtslosigkeit der Kritik aufbringt; doch auch vor der Despotie der Masse warnt er eindringlich. Es ist überhaupt fraglich, ob sich seine Grundauffassung hier weit von dem Standpunkt des gemäßigten und aufgeklärten Absolutismus entfernt. Was er fordert, ist in erster und letzter Reihe die übrigens schon in der Bibel ausgesprochene Gleichstellung aller vor dem Gesetze, wie sie in England damals schon in der Hauptsache verwirklicht war, während es in Frankreich erst der Revolution bedurfte, um sie zu verwirklichen. Als fundamentale Prinzipien stellt er die folgenden auf: die Befreiung des Ackerbaues — und so auch der anderen Betriebe — von den Schikanen und Ausbeutungen der Oberen und Herren; den persönlichen Schutz jedes Bürgers vor willkürlicher Einkerkerung ohne legale Einvernahme und Aburteilung durch den zuständigen Gerichtshof; den Schutz des Eigentums vor eigenmächtigen, unter dem Vorwande des öffentlichen Wohles erfolgten Eingriffen; die Verpflichtung des Priesterstandes, das Volk sittlich zu heben, anstatt es zu beherrschen und sich auf seine Kosten zu bereichern; die Überwindung aller Willkür durch alleinige Geltung des Gesetzes[77]. Es erscheint im Einklange mit diesen Prinzipien, wenn Voltaire gelegentlich der demokratischen Republik den Vorzug vor der Monarchie erteilt[78]. Doch sind solche Äußerungen nicht allzu verbindlich, und es steht ihnen die Tatsache gegenüber, daß Voltaire die Zugeständnisse, die er dem Volke machte, beträchtlich einschränkte. Im Gegensatz zu Rousseau zweifelte er an der Bildungsfähigkeit des Volkes und betrachtete Bildung und Aufklärung als etwas, das nicht jedem zugänglich gemacht werden kann[79]. Voltaire war eben in Wahrheit kein Revolutionär, er rechnete durchaus mit gegebenen Größen, wo Rousseau die Voraussetzungen in Frage stellte. Daher ihre verschiedenartige Stellung zu den Problemen der Gesellschaft, des Staates, der Kultur, der Religion.

Ein Wort ist noch über Voltaires Bedeutung als Geschichtsphilosoph zu sagen. Wir haben hier auf das bei Montesquieu Ausgeführte hinzuweisen. Auch Voltaire hat das Prinzip der organischen Geschichte noch nicht erfaßt, und er konnte es als Analytiker, dem das Lebensprinzip überhaupt fremd bleibt, auch gar nicht erfassen. Aber das große Verdienst gebührt ihm, in seinen geschichtsphilosophischen Hauptwerken, dem „Essai sur les moeurs" und dem „Siècle de Louis XIV.", den Rahmen der historischen Betrachtung viel weiter gespannt zu haben, als es bisher üblich gewesen war. Ihm ist Geschichte mehr als eine geordnete Abfolge politischer, diplomatischer und strategischer Angelegenheiten; sie ist ihm nicht minder Entwicklung der Wissenschaften, der Künste, der Sitten, der wirtschaftlichen, rechtlichen, staatlichen, religiösen Einrichtungen und Begriffe; sie ist ihm vor allem Entwicklung des freien, kritischen Geistes. Aus dieser Totalität entsteht zugleich das Prinzip einer allgemeinen Kulturgeschichte, das Voltaire wohl als erster programmatisch vertrat. So hat er der Geschichtsauffassung gleichsam die dritte Dimension, die Raumperspektive, man kann sogar behaupten, den Körper der Wirklichkeit gegeben, dem freilich die lebendige Seele und der lebendige Geist noch mangelten.

DIE ENZYKLOPÄDISTEN

Um die Mitte des 18. Jahrhunderts entstand in Frankreich ein Werk, das für die Entwicklung und Ausbreitung der neuen Gedanken von noch größerer Bedeutung sein sollte als Voltaires Schriften: die Enzyklopädie. Sie steht als ihr sichtbares, weithin durch Raum und Zeit wirkendes Zeichen da. So stark war die Anziehungskraft, die von dieser mächtigen Unternehmung schon in der Phase ihres Entstehens ausging, daß sie gegensätzliche, einander sonst widerstreitende Geistesrichtungen und Persönlichkeiten, wie die Voltaires, Rousseaus, Turgots eine Zeitlang auf sich zu vereinigen vermochte. Das gilt eigentlich schon für die Leiter und Herausgeber des Werkes, Diderot und d'Alembert. Auch sie waren nicht aus einem Holze geschnitten und ihre Verschiedenheit wurde gerade im Verlaufe dieser ihrer Arbeitsgemeinschaft sichtbar. Zunächst überwog freilich bei ihnen und den anderen das Verbindende, der enzyklopädische Geist, den wir hier in seine wichtigsten Elemente zerlegen wollen.

Wir haben uns zu diesem Zwecke vor allem mit Diderot, einer der merkwürdigsten und anziehendsten Erscheinungen dieser Epoche, zu beschäftigen. Könnte man der Eigenart einer starken Individualität durch Vergleiche gerecht werden, so wäre vielleicht zu sagen, daß Diderot irgendwie in der Mitte zwischen den äußersten Polen der französischen Aufklärung, zwischen Voltaire und Rousseau, steht. Mit jenem verbindet ihn ein im Verlaufe seiner Entwicklung überhandnehmender Zug zur Klarheit und Nüchternheit der Betrachtung, zur Einengung ihres Gegenstandes auf das Sinnfällige und Greifbare; mit diesem die entgegengesetzte Richtung zum Unsichtbaren und Übersinnlichen. Es ist kein Zufall, daß Diderot in seiner Philosophie von Shaftesbury ausgegangen ist, über den wir ja den idealistischen und pantheistischen Linienzug der Renaissance und der Aufklärung von Bruno und Spinoza bis zum Verfasser des „Emile" führen sahen. Diese Vielfältigkeit Diderots, die freilich von der Einheitlichkeit eines intensiven, leidenschaftlichen Temperamentes umspannt wurde, hat ihn, den eigentlichen Urheber der „Enzyklopädie", unzweifelhaft auch befähigt, ihr wenigstens für mehrere Jahre die ansehnlichsten Kräfte aus den sonst getrennten Heerlagern zuzuführen.

1. Diderot

Denis Diderot ist im Jahre 1713 zu Langres geboren. Auch er empfing seine Erziehung bei den Jesuiten, die ihn zu einem streitbaren Vertreter ihrer Richtung heranzubilden bestrebt waren. Diderot entschied sich für die dornenvolle Laufbahn des freien Schriftstellers und verdiente sich durch literarische Gelegenheitsarbeit, vornehmlich durch Übersetzungen aus dem Englischen, kümmerlich seinen Lebensunterhalt. Zugleich trat er mit selbständigen philosophischen Arbeiten hervor, zu denen der „Essai sur le mérite et la vertu" („Versuch über Verdienst und Tugend", 1745) noch kaum zu rechnen ist, da er zwar den damals von Diderot eingenommenen Standpunkt charakterisiert, aber dem Originalwerk Shaftesburys nachgebildet ist. Ein Jahr später warf er, wie es heißt, innerhalb dreier Tage, seine „Pensées philosophiques" („Philosophische Gedanken") aufs Papier; sie wurden nach Parlamentsbeschluß verbrannt. 1747 folgte die „Promenade du sceptique" („Spaziergang des Skeptikers"), 1749 die „Lettre sur les aveugles" („Brief über die Blinden"). Obwohl gerade in dem letztgenannten Buche gar nichts den herrschenden Autoritäten Anstößiges enthalten war, wurde sein Verfasser denunziert und für mehrere Wochen ins Gefängnis von Vincennes geworfen, wo er den Besuch Rousseaus erhielt und mit ihm über das von der Akademie zu Dijon gestellte Preisthema jene berühmt gewordene, wiewohl sachlich unaufgeklärt gebliebene Rücksprache hielt. Durch die Verwendung einflußreicher Freunde befreit, konnte sich Diderot wieder seiner Wirksamkeit zuwenden, die bald gewaltige Dimensionen annehmen sollte. Es waren die Vorbereitungen zur Enzyklopädie, über die später zu berichten sein wird. Daneben verfaßt er die Abhandlung: „Lettre sur les sourds et les muets" („Brief über die Tauben und die Stummen"). Die nächsten Jahre sind ausgefüllt durch intensive Arbeit an der Enzyklopädie und dramatische Werke; Diderot, der in so mancher Hinsicht den Geist des emporstrebenden Bürgertums vertritt, bringt auch das bürgerliche Schauspiel auf die Bühne. Sodann werden 1754 die „Pensées sur l'interprétation de la nature" („Gedanken über die Deutung der Natur") veröffentlicht. Die Leitung und Herausgabe der Enzyklopädie begründet seinen europäischen Ruhm und trägt ihm eine ansehnliche Jahresrente seitens Katharinas II. ein. Er folgt im Jahre 1773 ihrer Einladung nach Petersburg, von wo er 1774 nach Frankreich zurückkehrt. In seinen späteren Lebensjahren entstanden noch die Dialoge „Le neveu de Rameau" („Der Neffe Rameaus") und „Entretien entre Diderot et d'Alembert" („Unterredung zwischen Diderot und d'Alembert") und „Le rêve de d'Alembert" („Der Traum d'Alemberts"). Im Jahre 1783 ist Diderot gestorben. Die Gesamtausgabe seiner Werke gestaltete sich ziemlich schwierig, da die Autorschaft nicht überall feststand. So wurde ihm lange der „Code de la nature" zugeschrieben, der sich dann als ein Werk Morellys herausstellte.

Betrachtet man Diderots Entwicklung, so nimmt man wahr, daß sie die Hauptstadien, durch die sich der geistige Prozeß der Aufklärung — nicht bloß der französischen — bewegt hatte, gleichsam in beschleunigtem Tempo und abgekürzter Form durchlief: vom Theismus des Offenbarungsglaubens zum Deismus und Tugendgottesdienst, von diesem zu einem pantheistischen oder eigentlich pantheisierenden Naturalismus, der sich in engster Nachbarschaft zum Materialismus befindet, ja weite Gebiete mit ihm gemeinsam hat. Der „Essai sur le mérite et la vertu" bezeichnet die früheste Phase: Man kann ohne Gotteserkenntnis nicht zu einer höheren Stufe sittlicher Vollkommenheit aufsteigen. Diese Erkenntnis schließt sich in der allgemeinen Harmonie des Universums auf, die zum Begriff einer durchgehenden Weltordnung und zur Ausschließung des Zufalles führt, in dem der Atheist das oberste Prinzip erblicken will. Wenn hier die Ethik noch in Abhängigkeit von der Religion erscheint, so ist, näher besehen, diese Abhängigkeit eine wechselseitige; darin nähert sich Diderot dem Deismus schon jetzt, daß ihm der Gottesbegriff als ein Begriff ethischer und ästhetischer Vollendung gilt, und daß er demgemäß, wie Bayle, einen unsittlichen Gottesbegriff für verderblicher hält als einen entschiedenen Atheismus. Tugend ist Übereinstimmung des eigenen Wohles mit dem der Gesamtheit. Indem wir in uns selber und der Gesellschaft das Ideal der allgemeinen Harmonie erfüllen, stellen wir die Gottheit gleichsam in einem menschlichen Bilde dar. Einen Schritt weiter führen uns die „Pensées philosophiques", die, was sich auch aus ihrer überhasteten Niederschrift erklärt, nicht ganz einheitlich sind, im wesentlichen jedoch den deistischen Standpunkt einnehmen. Der teleologische Gottesbeweis erscheint in den Mittelpunkt der Betrachtung gerückt[80]. Die abstrakten Beweise der Schulen werden abgelehnt; besser als sie überzeugt uns der Anblick eines Schmetterlingsflügels von der Existenz Gottes. Das höchste Prinzip ist das der Vernunft. Wenn die Religion, die uns verkündet wird, wahr sein soll, warum dann zu Wundern Zuflucht nehmen? Ist es denn wirklich mehr, einen Hinkenden auf wunderbare Weise gerade zu machen, als einen denkenden Menschen aufzuklären[81]? Während Diderot die Spuren der Gottheit in der sichtbaren Welt sucht, beginnt aber sein kritisches Denken auch hier schon die Grundlage seiner Betrachtungsweise zu zersetzen. Die Skepsis, die zunächst, ähnlich wie bei Descartes, als rein methodischer Gesichtspunkt eingeführt war[82], beginnt sich seiner zu bemächtigen.

So erklärt sich die bald darauf erfolgende Abfassung der „Promenade du sceptique". Einflüsse Voltaires sind hier noch unverkennbarer als in den „Pensées". Die Ausbeute an philosophischen Gedanken ist gering, aber das Ganze hat immerhin symptomatische Bedeutung. Es ist eingehüllt von einer bis hart an die Grenzen der Verneinung getriebenen Atmosphäre des Zweifels und Unglaubens. Am schlechtesten kommt die positive Religion mit ihren Vertretern weg, während durch alle Extravaganzen der Philosophie doch immerhin das Licht der Vernunft hindurchschimmert.

Stärker wird seine Weiterentwicklung bezeugt durch die Schrift „Pensées sur l'interprétation de la nature" vom Jahre 1754. Hier ist die Wendung zu einem Pantheismus materialistischer Färbung vollzogen. Die Natur gilt Diderot jetzt als ein in sich geschlossenes Ganzes, als das All überhaupt, durch dessen innewohnende Gesetzmäßigkeit alle Erscheinungen erklärt werden. Unsere Erkenntnismittel sind

Beobachtung, Reflexion und Experiment; die Beobachtung sammelt die einzelnen Tatsachen, die Reflexion kombiniert sie, das Experiment bewahrheitet das Ergebnis der Reflexion[83]. Wir sollen demgemäß bloß nach den Ursachen und nicht nach Zwecken fragen, da die Beantwortung dieser Fragen über das Fassungsvermögen unseres Verstandes hinausgeht. Das religiöse Bewußtsein wird dadurch bloß in Unklarheit und Verwirrung gestürzt[84]. An Stelle ewiger Wahrheiten drängen sich willkürliche, unverbindliche Mutmaßungen ein. So dient Diderot scheinbar den Interessen der Theologie, wo er sie von der Betrachtung und Erforschung der natürlichen Welt abschneidet, auf die es ihm selbstverständlich fast ausschließlich ankommt. Unter solchen Voraussetzungen büßt das teleologische Argument, dessen sich Diderot bisher bedient hatte, seine Bedeutung nicht minder ein als im Spinozismus und in den ihm verwandten Systemen. Freilich scheut Diderot noch vor dessen letzten Konsequenzen, der Immanenz Gottes in der Natur, zurück. Deswegen kann er sich auch nicht zur Annahme einer Weltseele entschließen, obwohl er bis hart an die Schwelle des Panpsychismus vordringt, sie wohl auch an entscheidenden Punkten überschreitet. Er nimmt mit Buffon eine Verschiedenheit der Moleküle, der anorganischen und der organischen, an und meint weiter, daß die organischen Moleküle, wenn auch nicht mit Empfinden und Denken, so doch mit einer dunklen Spur von Bewußtsein begabt sind, die sich in der Tendenz kundgibt, das Gleichgewicht allen Störungen desselben gegenüber zu behaupten; darin sollen auch die höheren Lebenserscheinungen ihre Erklärung finden. So ist es das Prinzip der Stabilität, das hier von Diderot vorausgenommen wird, um mehr als ein Jahrhundert später, bei Spencer und Avenarius, an der Oberfläche des modernen Biologismus und Positivismus aufzutauchen.

Diese Theorien sind nicht die einzigen, mit denen Diderot das Feld strenger Erfahrung verläßt, an das er sich doch dem Plan seiner Methode gemäß, die ihm Mißtrauen gegen die Analogie gebietet, binden müßte[85]. Sein reger Geist läßt ihn überall Beziehungen und Zusammenhänge erschauen, die nicht einfach aus den Sinnen abzulesen sind. Vor allem ist es der Gesichtspunkt der universalen Einheit, der ihn hierbei leitet. An Goethes Naturauffassung erinnert es, wenn er von der Annahme eines Urtieres ausgeht, das sich in den verschiedenen Tierarten und Tierindividuen ins Unbegrenzte variiert habe. Durch solche Metamorphose sei es zu erklären, wenn ein und dasselbe Grundgebilde das eine Mal die Gestalt eines Pferdefußes, das andere Mal die einer Menschenhand annehme[86]. Diderot läßt es hier wie bei der ganzen Frage der Entwicklung, die im Zusammenhang damit aufgeworfen wird, bei der Hypothese bewenden, ohne eine bindende Entscheidung zu geben, die ihn auch in Konflikt mit dem kirchlichen Dogma bringen müßte[87]. Wie sehr er indessen nach der Seite der Evolutionslehre neigt, als deren Vorläufer er dementsprechend mit Lamarck betrachtet werden kann, dafür spricht auch sein wiederholt durchleuchtender Glaube an die Einheit der Naturkräfte[88], die sich lediglich der nach außen gewendeten Betrachtung unter dem Bilde einer Vielfältigkeit darbiete.

In den „Questions" („Fragen"), die diesen Ausführungen angehängt werden, nimmt sein Denken wieder eine Rückwendung zum Empirismus, ja zu einem skeptischen Positivismus. Weder über das Entwicklungsproblem noch über das Wesen der Materie vermag uns der Intellekt einen Aufschluß zu geben; insbesondere die Frage nach dem Verhältnis toter und lebender Materie, nach dem Zusammenhang beider, nach der Entstehung der einen aus der anderen bleibt notwendigerweise unbeantwortet[89]. Schließlich sei es aber gar nicht Aufgabe des Menschen, solche Fragen zu lösen, sondern innerhalb der natürlichen Grenzen des Verstandes sein persönliches und das Wohl seines Geschlechtes zu fördern.

Diderot ist noch einen entscheidenden Schritt weitergegangen; er hat die Selbstbeschränkung, die er sich auferlegte, nicht eingehalten. Und zwar zeigt sich dieser Fortgang in den Schriften: „Entretien entre Diderot et d'Alembert" und „Le rêve de d'Alembert". Was ist, so fragt er sich, für eine Beziehung zwischen Bewegung und Sensibilität? Ist es nicht möglich, daß das Prinzip der Sensibilität ein ebenso allgemeines sei wie das der Bewegung? Freilich hat das zur Voraussetzung, daß man, wie zwischen toter und lebendiger Kraft, zwischen untätiger und tätiger Sensibilität unterscheide. Tätige Sensibilität ist diejenige, die am Tiere und wahrscheinlich auch an der Pflanze sich äußert. Untätige Sensibilität hätte man in der anorganischen Materie anzunehmen. Freilich allein dann, wenn sich ein Übergang von der einen Form zur anderen nachweisen läßt, hat es einen Sinn, sie unter dem gemeinsamen Oberbegriff zu vereinigen. Und einen solchen Nachweis sucht Diderot dem skeptischen d'Alembert im Faktum der Nahrungsaufnahme zu erbringen. Dieselbe besteht ja in der Assimilation der Nahrung an den Organismus, sie gibt ihr also tätige Sensibilität. So nähert sich Diderot mehr und mehr der mechanischen Theorie des Lebens und lehnt darum die Lehre von der Präexistenz der Keime ab, wie sie von Bonnet und anderen aufgestellt wurde. Vor allem ist er bestrebt, dem Dualismus den Boden abzugraben. Es gibt bloß e i n e Substanz, der die Empfindung ebenso eigen ist wie die Bewegung. Was trennt ihn also noch vom Materialismus? Es ist nicht ganz leicht, es zu sagen; anscheinend nicht viel, weniger als Locke, Voltaire und verwandte Geister. Den letzten, entscheidenden Schritt, die Schranke zwischen Bewegung und Empfindung aufzuheben, hat er nicht getan. Materie ist immer mit einer Spur, sei es auch latenten Bewußtseins verbunden: dieser Gedankengang kommt der hylozoistischen Lehre näher als der materialistischen. Ihre Fortsetzung findet die „Unterredung mit d'Alembert" in dem überaus munter und witzig geschriebenen Dialog „d'Alemberts Traum". D'Alembert spinnt Diderots Einfälle, die er mit gespannter Aufmerksamkeit aufgenommen, ohne sich für oder gegen sie entscheiden zu können, im Traume weiter, und seine Freundin, Mademoiselle de l'Espinasse, bringt die Worte des unruhig aus dem Schlafe Redenden zu Papier, um sie am folgenden Morgen dem Arzt zu zeigen, nach dem sie in ihrer Besorgnis geschickt hat. Zwischen den dreien entspinnt sich eine lebhafte Wechselrede um die von Diderot angeregten Fragen. Wie ist das Verhältnis der Teile zum Ganzen, der Individuen zum Universum zu denken? Antwort: Es gibt bloß e i n Individuum, und das ist das Weltall selber. Was sonst so genannt wird, ist ein höchst schwankender, unbestimmter Begriff, der gar nicht in feste Grenzen gefaßt werden kann. Dies zu zeigen und durch recht drastische Vergleiche zu belegen, ist der Hauptzweck des Dialoges. Wie ein Bienenschwarm aus lauter Einzelbienen besteht, dennoch aber das sie umfassende und ihnen übergeordnete Subjekt bildet, so verdichten sich die Organe des Menschen zu seinem Ich. Freilich unterscheidet Diderot hier überall die bloße räumliche Berührung und Angrenzung, die Kontiguität, von der Kontinuität, die eine innere Verbindung und Durchdringung der Teile ist. Diese allein erklärt die Einheit des Lebensvorganges und seines persönlichen Trägers. Damit erscheint freilich ein höheres als das mechanische Prinzip eingeführt, wenngleich sich unser Denker mit allerdings geringem Erfolg bemüht, es durch künstliche Analogien wieder auf die Ebene des Mechanismus hinunterzudrücken; wie durchwegs bei solchen Versuchen, wird dann nämlich insgeheim dem Mechanismus selber ein übermechanisches Element untergeschoben. Diderot ist überhaupt dadurch vor allem interessant, daß sich in ihm beide Grundrichtungen des Denkens, die Weltauffassung „von unten" und die „von oben" auseinandersetzen, ohne daß es zu einer endgültigen Entscheidung käme. In ähnlicher Weise, wie nach ihm der ihm in mancher Hinsicht verwandte Feuerbach, hat er sich vom Spiritualismus zum Materialismus bewegt, aber auch in dieser Bewegung seine ursprüngliche Einstellung niemals vollständig verleugnet. Wenn er die Empfindung ganz dem Stoffe einverleiben möchte, so ist die bedeutsamere Kehrseite davon, daß er dem toten Stoff Leben und Seele eingehaucht hat. Damit stimmt es auch überein, daß er dem Enthusiasmus seines ersten Lehrmeisters, Shaftesbury, niemals untreu geworden ist. Das beweist gerade der Anteil, den er an dem nüchternsten Buche der Epoche, dem „Système de la nature", hat. Es beweist seine Ablehnung des trockenen und schwunglosen Helvetius [90]. Das beweisen vor allem sein künstlerisches Schaffen und seine ästhetischen Schriften, unter denen der „Traité du beau" („Abhandlung über das Schöne") zu nennen ist. Und schließlich beweist sein außerordentlicher Einsatz für die Enzyklopädie, deren Vollendung dadurch ermöglicht wurde, mehr für seinen Idealismus als der Geist dieses Werkes gegen ihn zu beweisen imstande ist.

2. D'Alembert

D'Alembert ist mit Diderot der Herausgeber der „Enzyklopädie". Beide haben einander in günstiger Weise ergänzt, bis die Verschiedenheiten ihres Wesens die gemeinsame Arbeit unmöglich machten. D'Alembert hat nichts von der phantasievollen Fülle und Beweglichkeit Diderots. Auch die enthusiastische Schwungkraft des Gedankens ist ihm versagt, der sich hier in den strengen Bahnen der mathematischen Logik bewegt. Dennoch kann der Vorwurf der Einseitigkeit nicht gegen ihn erhoben werden. Er ist nicht allein ein ausgezeichneter Mathematiker und Physiker, dessen Ruhm in diesen Disziplinen ja ein unbestrittener ist, sondern auch ein tüchtiger Erkenntnistheoretiker und Methodologe; schließlich hat er sich auch nicht ohne Erfolg auf geschichtlichem und literarhistorischem Gebiete betätigt. Man kann ihn sogar, gerade in Beziehung auf die französische Aufklärung, eine Gesamterscheinung, einen Repräsentanten nennen; es ist nicht zu viel gesagt, daß er den Denktypus dieser Epoche, die Verbindung von Skepsis und empiristischem Positivismus, vielleicht am deutlichsten festgelegt hat. Er ist Voltaire an Gründlichkeit und vor allem darin überlegen, daß er dem unvergleichlichen geistigen Spürsinn seines großen Zeitgenossen eine am harten Stoff der physikalisch-mechanischen Wirklichkeit geschulte Methodik entgegenzusetzen hat, die anderseits der einseitigen, auf ein vorgefaßtes Schema versteiften Systematik Condillacs den Rang abläuft. In ihm halten sich die verschiedenen Strebungen der Zeit so ziemlich das Gleichgewicht, und schon um dieser Tatsache willen durfte, auch abgesehen von dem absoluten Wert seiner Schöpfungen, die Gestalt des hervorragenden Enzyklopädisten mehr in den Mittelpunkt gerückt werden, als bisher gemeinhin geschehen ist.

Jean-le-Rond d'A l e m b e r t wurde in Paris am 16. November 1717 als natürlicher Sohn eines Bruders des Dichters Destouches und der Frau de Tencin geboren. Von den gewissenlosen Eltern an einer Kirchentreppe ausgesetzt, wurde er durch einen Kommissär zu einem Glasermeister gebracht, dessen Frau ihn wie ihr eigenes Kind behandelte. Er betrachtete sie auch als seine wahre Mutter, während er die Gunstwerbungen der Mme. de Tencin, die den berühmt gewordenen Mathematiker in ihre Nähe zu ziehen versuchte, entrüstet zurückwies. Als junger Mensch kam er ins Kolleg Mazarin, wo er von den Jansenisten erzogen wurde, zeigte frühzeitig große Neigung zur Mathematik, wendete sich aber der Jurisprudenz zu und wurde Advokat, ein Beruf, der ihn nicht zu befriedigen vermochte; sodann betrieb er medizinische Studien, um schließlich zu seinem Lieblingsfache zurückzukehren. Seine mathematischen und physikalischen Arbeiten trugen ihm frühzeitig große Erfolge ein. Im Jahre 1741 wurde er in die Académie des Sciences, 1746 in die Berliner Akademie, 1754 in die Académie Française aufgenommen. Friedrich der Große überhäufte ihn mit Gunstbezeigungen, er trug ihm 1752 die nach Maupertuis freigewordene Präsidentenstelle der Akademie zu Berlin an, ein Antrag, den d'Alembert ebenso abwies wie zehn Jahre später den noch glänzenderen der Zarin Katharina, die Erziehung ihres Sohnes zu übernehmen. Er mochte sich von Frankreich und seinem Kreise nicht trennen; insbesondere seiner Ziehmutter bewies er eine geradezu rührende Anhänglichkeit. Lange Jahre teilte er mit ihr eine höchst bescheidene Wohnung, bis er sich entschloß, zu seiner Freundin Mademoiselle de l'Espinasse in gemeinsamen Haushalt zu übersiedeln. Auch in diesem Verhältnis, das zu einem tragischen Ausgang führen sollte, zeigte d'Alembert große Standhaftigkeit und Selbstüberwindung. Er starb im Jahre 1783 nach einem schmerzhaften Leiden.

D'Alembert war ein rechtschaffener und lauterer Charakter, dessen maßvolle Bescheidung freilich bis an die Grenzen der Furchtsamkeit ging. Dies läßt sich auch aus der rühmenden Nachrede entnehmen, die ihm Condorcet in der Akademie gehalten hat. Die philosophischen Hauptwerke d'Alemberts sind: „Discours préliminaire de l'Encyclopédie" („Vorwort zur Enzyklopädie"), 1750, „Eléments de philosophie" („Elemente der Philosophie"), 1759. Von besonderer Bedeutung ist der „Traité de dynamique" („Abhandlung über Dynamik"), 1743. Erwähnt seien noch die historischen Werke: „De la destruction des jésuites en France" („Die Vernichtung der Jesuiten in Frankreich"), 1765, sowie die zahlreichen „Eloges", eine aus Nachrufen zusammengesetzte Geschichte der Akademie, deren Sekretär d'Alembert im Jahre 1772 geworden war. Einen sehr regen, zeitgeschichtlich außerordentlich wichtigen Briefwechsel hat er zumal mit Voltaire geführt.

Seine philosophischen Grundgedanken hat d'Alembert hauptsächlich in der Schrift „Essais sur les éléments de philosophie ou sur les principes des connaissances humaines avec des éclaircissements" („Versuch über die Elemente der Philosophie oder über die Prinzipien der menschlichen Erkenntnisse mit Erläuterungen") ausführlich dargelegt. Philosophie ist Anwendung der Vernunft auf die verschiedenen Gegenstände der Welt[91]. Ihr Machtbereich ist allerdings durch die Sphäre der geoffenbarten Religion eingeschränkt, deren Gegenstand und Methode ganz andersartig sind. Wie Condillac zwischen dem menschlichen Erkenntnisvermögen vor und nach dem Sündenfall unterscheidet, so d'Alembert — hierin auch ältere bis zu Bacon und hinter ihn zurückreichende Traditionen fortsetzend — zwischen der Vernunft und dem Glauben, den er als eine Art sechsten Sinnes bezeichnet. Seine Absicht ist indessen offenkundig keine andere gewesen, als der Vernunft durch diese Abgrenzung der Sphären in ihrer Domäne eine um so schrankenlosere Herrschaft zu sichern. Diese Haltung stand ja nicht geradezu im Widerspruche mit seiner Überzeugung und Absicht. Denn in bezug auf das Übersinnliche hat er sich nicht dogmatisch verneinend, sondern skeptisch eingestellt. Und seine Tendenz war es, wie Condorcet hervorhebt, nicht so sehr, Irrtümer kritisch zu bekämpfen, als der Wahrheit durch positive Grundlegung allmählich den Boden zu bereiten.

Die durch Erfahrung und Vernunft erworbene Erkenntnis vergleicht d'Alembert einer ungeheuren, freilich nicht überall geschlossenen Kette. An der Spitze dieser Kette stehen schon bekannte Grunderkenntnisse, die aber nicht mit Axiomen verwechselt werden sollen. Es sind die fundamentalen Tatsachen der Sinneserfahrung; die Phänomene, wenn wir Physik, — die anschaulichen Eigenschaften des Raumes, wenn wir Geometrie, — die Undurchdringlichkeit des Stoffes, wenn wir Mechanik treiben, — die Triebfedern unser inneren Natur, wenn wir uns mit Moral beschäftigen. Nach dem Wesen der Dinge hat der Philosoph nicht mehr zu fragen. Es kommt sonach alles darauf an, die Allgemeinbegriffe in ihre konkreten Elemente aufzulösen. Dies leistet die Definition, die sonach mehr ist als Nominal- und weniger als Realdefinition, denn sie hat es weder mit bloßen Namen noch mit metaphysischen Wesenheiten zu tun, sondern mit Erscheinungen[92]. Die Axiome hingegen sind lediglich sprachliche Zeichen. Sie sind identische oder analytische Sätze, haben also höchstens eine begriffstechnische Bedeutung: die nämlich, jene einfache Idee unserem Verständnis näherzubringen[93]. Wie die Axiome in der Regel nichts sind als Zerlegungen von Ideen, so sind die Theoreme und Ableitungen wiederum nichts anderes als

schrittweise Umformungen von Axiomen. Wir benötigen dieser Vielfältigkeit, weil wir nicht imstande sind, die Grundwahrheit mit einem Blicke zu umspannen. Die eingebildete Fülle enthüllt sich demnach in Wahrheit als ein Mangel. Für denjenigen, der das Universum wirklich zu erkennen vermöchte, wäre es nichts als eine einzige Tatsache und eine große Wahrheit[94].
So sehr nun d'Alembert mit Locke und Condillac die angeborenen Ideen verwirft — und der Kampf gegen dieselben bildet ja ein Hauptelement der französischen Aufklärung —, so sehr er die Sinne als einzige Bürgen der Wirklichkeit anerkennt, ist er doch weit davon entfernt, ein extremer und konsequenter Sensualist zu sein wie etwa Berkeley oder Hume. Davor bewahrt ihn sein inniges Verhältnis zur Mathematik und mathematischen Physik. Er erklärt ausdrücklich, daß Erkenntnis, ob sie auch der Sinnlichkeit entstamme, dennoch stets in allgemeinen, also „abstrakten" Prinzipien und nicht in einzelnen Tatsachen gesucht werden kann. Im Gegenteil, je mehr wir zu den einzelnen Tatsachen hinabsteigen, um so vielfältiger, doch auch um so dunkler beginnen unsere Begriffe zu werden. Aus diesem Grunde sind die Sätze der Geometrie einfacher und einleuchtender als die der Mechanik; die der Algebra einfacher und einleuchtender als die der Geometrie[95]. So gibt es eine Stufenleiter der Evidenz auch für die mathematischen Wahrheiten je nach dem Grade der Allgemeinheit ihres Gegenstandes. Die Algebra hat es mit dem Allgemeinsten zu tun, den reinen Größenwerten; bei der Geometrie kommt zur reinen Größe die Ausdehnung, die aber immerhin noch ein absolutes Merkmal der materiellen Welt ist, während Undurchdringlichkeit, die neben Größe und Ausdehnung Thema der Mechanik ist, das Verhalten eines Stückes Materie in bezug auf ein anderes, ein relatives Merkmal derselben bezeichnet. Den Endpunkt dieser Reihe bildet offenbar das Einzelding mit seinen konkreten und individuellen Eigenschaften, das ganz außerhalb der Erkenntnismöglichkeiten liegt. So kehrt sich der Standpunkt in eigenartiger Weise um: die Tatsachen der Erfahrung, aus denen jede Erkenntnis hervorgehen und an denen, als ihrer obersten Instanz, sie sich legitimieren sollte, werden jetzt zur Grenze, ja zum Jenseits des Erkennens. Wir wollen nicht sagen, daß hier ein absoluter Widerspruch

entsteht, der bloß durch Beseitigung eines der beiden Glieder, des rationalistischen oder des sensualistisch-empiristischen, aufgehoben werden kann; aber ein Problem ist gegeben, dem d'Alembert ebensowenig wie die gesamte Aufklärung gerecht wurde und das schließlich zu dem transzendentalen und kritischen Lösungsversuche Kants hindrängte. Es mag sein, daß auch d'Alembert diese Lösung irgendwie vorschwebte. Aber er drang nicht zu ihr vor; er hatte höchstens ihre einzelnen Elemente in der Hand. Das sinnliche Material bedarf vernünftiger Durchdringung und Verarbeitung, um Erkenntnis zu werden; und diese stellt sich in allgemeinen, an sich gültigen Sätzen dar. Auch als Physiker ist d'Alembert dementsprechend bestrebt, der Tatsachenforschung möglichst einfache und zugleich umspannende Prinzipien zugrunde zu legen. Indem das Fundament der Mechanik nach Tunlichkeit eingeschränkt wird, erhöht sich seine Tragfähigkeit[96]. Die allgemeinsten Wahrheiten sind eben diejenigen, die das breiteste Feld der Anwendung haben.

Diesen Leitsätzen entspricht d'Alemberts Verhältnis zur Metaphysik. Unsere Erkenntnisse, wenn sie auch noch so sehr über die Einzeltatsachen hinausgehen, erstrecken sich doch lediglich auf die Summe und den Inbegriff derselben. Wir müssen uns begnügen, die Eigenschaften der Materie kennenzulernen, deren Wesenheit uns ebenso verborgen bleibt wie die der Seele. Schon die Frage nach der Realität der materiellen, äußeren Welt stürzt uns in Dunkelheiten. Sie zerlegt sich in drei Bestandteile: 1. In die Frage nach dem Ursprung des Glaubens an eine äußere Realität; 2. in die nach dem Rechtsgrunde dieses Glaubens; 3. in die nach Ableitung der Ideen von Ausdehnung und Materie aus unserem Empfindungsinhalt. Am leichtesten ist die erste Frage zu beantworten. Es geschieht im Anschluß an Condillacs Theorie der Tastempfindung. Schwieriger ist die zweite Frage. Das einzige, was sich gegen die Skepsis vorbringen läßt, ist, daß, eine von uns unabhängige Realität der Dinge vorausgesetzt, ihre Wirkung auf uns an Lebhaftigkeit und Regelmäßigkeit unsere Empfindungen nicht übertreffen könnte; also haben wir Grund, jene Realität anzunehmen. Es erscheint wie eine Umkehrung dieses Argumentes, wenn die modernen Phänomenalisten die Tendenz, den Empfindungsinhalten eine metaphysische Wirklichkeit unterzubauen, als eine überflüssige Zutat ablehnen, durch die unser wahres, theoretisch und praktisch allein verwertbares Weltbild doch keine Bereicherung erfährt[97]. Gemeinsam ist aber beiden Auffassungen trotz ihrer gegensätzlichen Ausprägung der positivistische Grundzug, die Betonung des praktischen Wertes aller Erkenntnisse, die nicht unserer Neugierde, sondern der Erfüllung unserer Bedürfnisse zu dienen haben. Daher genügt es, die Beziehung zu erfassen, in der die Dinge zu uns stehen, ohne in ihre Wesenheit einzudringen. Ordnung der Phänomene ist unsere Hauptaufgabe. Wir haben das gute Recht, anzunehmen, die Welt sei so, wie sie unseren Sinnen erscheint, vorausgesetzt, daß die Folgerungen, die sich aus dieser Annahme ergeben, in Übereinstimmung mit unseren Erfahrungen sind und daß diese ein widerspruchslos geschlossenes System bilden[98]. Mit dieser bemerkenswerten Konstruktion nähert sich d'Alembert dem modernen Fiktionalismus. Die Wendung „Als ob", die uns zum ersten Male deutlich bei Kant begegnet, ist hier der Sache, wenn auch nicht dem Wortlaute nach, vorweggenommen. Wir können uns, heißt es hier, so verhalten, als ob die Außenwelt existierte und als ob sie existierte, wie wir sie wahrnehmen. In der Freiheitslehre sehen wir d'Alembert den gleichen Standpunkt vertreten. Auch freie Wesen könnten kein stärkeres Bewußtsein ihrer Freiheit besitzen als wir; wir verhalten uns somit, als ob wir frei wären.

Die dritte, noch unerledigte Frage, wie wir durch unsere Empfindungen zur Idee einer ausgedehnten Materie gelangen, ist d'Alembert zufolge kaum zu beantworten. Es ist in der Tat ebenso unverständlich und rätselhaft, daß durch Zusammensetzung von ausdehnungslosen Raumpunkten ein Raum, von materiellen Atomen eine ausgedehnte Materie, wie daß durch Verbindung von Empfindungsatomen die Vorstellung der Ausdehnung und der ausgedehnten Materie entstehen soll. D'Alembert rührt hier an ein wichtiges Problem, ohne es erschöpfend zu behandeln: an das Problem des Empfindungsatoms, das selbstverständlich mit dem der Atomempfindung nichts gemein hat und auch in der neuesten Psychologie und Erkenntnislehre sträflich vernachlässigt wurde. Das Verhältnis des Einfachen zum Zusammengesetzten, des Atoms zur Ganzheit hat Kant in seinen Antinomien behandelt; er hat es aber wie fast alle seine Nachfolger einseitig am Physischen orientiert und übersehen, daß es auch im Psychischen entstehen muß, wenn man, wie er, naiv eine reine, ungeformte, also einfache, atomhafte Empfindung annimmt, die erst durch weitere Seelenakte mit Formen überzogen, in Formen gefaßt werden soll. Diese reine Empfindung ist doch offenbar eine Abstraktion und keine Realität, sie ist wie jeder Unendlichkeitswert im großen und im kleinen ein Grenzbegriff. Es ist um so merkwürdiger, daß d'Alembert dies übersehen hat, als er sonst dem Unendlichkeitsproblem, an dem er ja als Mathematiker und Logiker interessiert war, eben diese Fassung gegeben hat. Beide Male bekämpft er heftig alles Mysteriöse, das man mit dem Begriff der Unendlichkeit zu verbinden pflegt. Er entspringt nach ihm aus einem einfachen Akt der Abstraktion; indem wir bei irgendeinem ausgedehnten Dinge von seinen Grenzen absehen und bloß auf die Tatsache der Ausdehnung gerichtet sind, gewinnen wir eben den Begriff von etwas Unbegrenztem, mithin Unendlichem. Letzteres ist also ein ganz und gar Negatives; es drückt das Fehlen und nicht das Vorhandensein eines wesentlichen Merkmals aus. Unendlichkeit ist Unbestimmtheit und sonst nichts[99]. Es ist nun klar, daß diese Definition nicht ausreicht und so recht geeignet ist, das Unvermögen des sonst so scharfsinnigen d'Alembert wie der meisten Denker der französischen Aufklärung, bis zu den letzten Tiefen der Probleme vorzudringen, zu beweisen. Das Unendlichkeitsproblem ist ganz allgemein der Prüfstein für das Maß philosophischen Könnens; und hier wiederholt sich immer von neuem seitens der empiristischen, phänomenalistischen, positivistischen Richtungen ein bestimmter Typus von Lösungsversuchen, dahingehend, daß Unendlichkeit etwas rein Negatives sei: das Nicht-zu-Ende-Kommen eines Prozesses. Und ebenso hören wir von seiten der rationalistisch-metaphysisch gerichteten Philosophen, wie zum Beispiel seitens des von den Aufklärern so unterschätzten Malebranche, den Gegeneinwand erheben, daß Unendlichkeit nicht die bloße Tatsache des Nicht-zu-Ende-Kommens, sondern die absolute Unmöglichkeit, zu Ende zu kommen, bedeutet; eine Unmöglichkeit, die sich zunächst ebenso für die Zahl wie für den Raum und die Zeit ergibt. Von Unendlichkeit haben wir erst dort ein

Recht zu sprechen, wo die Vorstellung der Beendung und Beendbarkeit des Prozesses einen inneren Widerspruch mit dessen Wesen einschließt. Wesensbetrachtungen sind dem Positivismus aber im Grunde fremd; in diesem fixiert sich eben der Typus des wissenschaftlichen Betrachtens, der auf Verbindung und Ordnung der Phänomene abzweckt. Und d'Alembert ist einer der stärksten Vertreter dieser Betrachtungsart, die er in der Mathematik noch nachdrücklicher, aber auch mit mehr Recht als in der Metaphysik zur Geltung gebracht hat. Seine tätige Mitarbeit am Infinitesimalkalkül einerseits, sein Bedürfnis andrerseits, sich über jeden Schritt seines Verfahrens erkenntnistheoretische Rechenschaft zu geben, hat ihn im Verein mit seiner positivistischen Gesinnung zu einem energischen Protest gegen jede Mystik des Unendlichen, die sich im Begriff des real, des aktuell Unendlichen kundgibt, veranlaßt; und er hat dem Problem hier die glückliche Formulierung gegeben, die noch heute den mathematischen Positivismus beherrscht. Das Unendliche der geometrischen Analysis ist lediglich die Grenze des Endlichen, das ideale Ziel, dem das Endliche zustrebt, ohne es jemals erreichen zu können. Aber es ist wesentlich, daß wir so weit im Endlichen gehen, als wir eben wollen; das Unendliche bedeutet also nichts anderes als die absolute Flüssigkeit der Grenze und die Fähigkeit unseres Geistes, sie nach Belieben hinauszurücken, sie dort anzusetzen, wo es im Interesse der jeweilig vorzunehmenden Operation enthalten ist. Diese Umwandlung des starren Substanziellen in eine Funktion, des Aktuellen in ein Potenzielles, des Dogmas in eine Methode, des fixen Zielpunktes in eine Richtung, diese ganz praktische und pragmatische Einstellung ist in der Tat völlig der Sinn des wissenschaftlichen Denkens, und so dürfen wir den Positivismus als den vornehmsten Akt seiner Selbsterkenntnis betrachten. Wer hier tiefer blickt, der wird freilich nicht verkennen, daß die metaphysischen Probleme solchermaßen nicht gelöst, sondern lediglich zurückgeschoben werden. Die Fähigkeit, eine Grenze nach Belieben hinauszuschieben, hat eben doch wieder zur Voraussetzung, daß der Spielraum für diese Erweiterung ein schlechtweg unbegrenzter ist; eine Größe, die kleiner ist als jede endliche Größe, setzt insgeheim ein anderes Maß als das endliche voraus. Aber es ist eben möglich, nach einer, der beiden Richtungen zu blicken: entweder diesseits oder jenseits der Grenze. Die positivistische Betrachtung blickt diesseits, die metaphysische jenseits derselben. Und wenn d'Alembert und der gesamte Positivismus sich geflissentlich auf die erste Seite stellen und keine andere Auffassung der Dinge zulassen, so heißt dies, daß in ihnen der wissenschaftliche Typus den Anspruch erhebt, sich zum herrschenden Grundtyp des philosophischen Denkens überhaupt zu erweitern.

Auch als Ethiker bleibt d'Alembert diesem Standpunkt getreu. Es hat keinen Sinn, so meint er, hier den Versuchen einer transzendenten Grundlegung nachzugehen. Wie schon anläßlich des Realitätsproblems gesagt wurde, huldigt d'Alembert auch hier einem methodischen Fiktionalismus: wir können nicht sagen, ob wir frei sind; aber wir handeln so, als ob wir frei wären. Sonst ist Moral — ganz im Sinne der Aufklärung — auf nichts anderes begründet als auf die unbestreibare Grundtatsache der Erfahrung, daß die Menschen einander bedürfen, und daß hieraus eine Reihe von Aufgaben und Verpflichtungen hervorgeht. So behandelt, ist die Moral vielleicht das vollkommenste Erkenntnisgebiet, sowohl im Hinblick auf ihre Prinzipien als auch auf die Verkettung, in welcher dieselben untereinander stehen, nicht bloß, wenn man sie der Metaphysik gegenüberstellt, die in völliges Dunkel gehüllt ist, sondern auch im Vergleich mit der Physik, die lediglich an einzelnen Stellen geklärt erscheint. Gehen wir von jenem Grundfaktum aus, so ergeben sich daraus alle weiteren moralischen Wahrheiten, die bloß durch unsere Affekte getrübt, nicht aber gänzlich verhüllt werden können. Die Versöhnung unseres eigenen Interesses mit dem der Mitmenschen, mit dem der Gesellschaft, in der wir leben, ist das Ziel dieser Moralität, deren Charakter gediegene Nüchternheit ist[100]. Einen hohen Flug nehmen die Gedanken d'Alemberts ja niemals; aber sie suchen nach einem um so festeren Stande auf der wohlgegründeten Erde. D'Alembert ist wie Voltaire, dem er sich nicht ohne Grund so verbunden fühlte, ein unermüdlicher Verfechter der Gedankenfreiheit, der Humanität und des Rechtes und ein Kämpfer gegen Intoleranz und Fanatismus gewesen. Im Ton vorsichtiger und gemäßigter als sein älterer Mitstreiter, hat er vor ihm die größere Konsequenz voraus. Er verlangt nicht einmal unbeschränkte Freiheit der Gedankenäußerung; er will nicht jede Art von Zensur beseitigt sehen. Aber er wehrt sich dagegen, daß eine unduldsame Theologie der Philosophie den Weg sperre; und er zeigt in seiner Schrift „De l'abus de la critique en matière de religion" („Über den Mißbrauch der Kritik in Sachen der Religion"), wie vag und vieldeutig die Fragestellung ist, ob eine philosophische These mit den Dogmen in Übereinstimmung sei oder nicht. An den letzteren selbst will er, wie wir schon gesehen haben, nicht rütteln. Der Fanatismus des Aberglaubens erscheint ihm hassenswert, der des Unglaubens lächerlich, weil er ohne Objekt und Motiv ist. So nimmt d'Alembert, was auch von seiner positivistischen Betrachtungsweise aus ganz konsequent geschieht, dem Materialismus gegenüber eine ablehnende Haltung ein. Dem „Système de la nature" bringt er gleich im Anbeginn mehr Reserve entgegen als Voltaire[101]. Revolutionen verwirft er: er tritt für ein ruhiges Tempo des Fortschrittes ein[102]. Auch in politischer Hinsicht bekundet er außerordentliche Mäßigung. Er ist vom Bewußtsein sozialer Verantwortung erfüllt und in seinem Urteil über die Verteilung des Eigentums nähert er sich zwar nicht dem Radikalismus, wohl aber der ethischen Strenge Rousseaus. Doch will er die göttliche Herkunft der monarchischen Gewalt nicht in Abrede stellen; freilich schränkt er sie, dem Geiste der Aufklärung gemäß, dadurch ein, daß er die Zustimmung der Völker als unerläßlich für ihre legitime Ausübung hinstellt[103].

Als Herausgeber der Enzyklopädie hat d'Alembert die bereits genannte Vorrede zu derselben verfaßt. Nicht unerwähnt darf die Einteilung der Wissenschaften bleiben, die er hier versucht. Er lehnt sich dabei gänzlich an Bacon an, den er als den großen Begründer der neuen Weltanschauung verherrlicht. Der *globus intellectualis*, an dem er jene Einteilung orientiert, stimmt so ziemlich mit dem seines berühmten Vorgängers überein. Den seelischen Grundkräften, dem Gedächtnis, der Vernunft, der Phantasie, werden die historischen, die philosophischen Disziplinen und die Künste zugeordnet. Die Geschichte gliedert sich in heilige Geschichte, Kirchengeschichte, bürgerliche Geschichte und Literaturgeschichte; die Philosophie in Ontologie und allgemeine Metaphysik, Theologie, Pneumatologie, Logik, Moral, allgemeine und spezielle Physik. Den drei Hauptgebieten entsprechen die menschlichen Grundtypen der Gebildeten, der Philosophen, der Schöngeistigen. In die Tiefe reichen diese Schemen nicht; d'Alembert geht wie Bacon vom äußeren Aspekt aus, der auch hier gleichsam ein flächenhafter ist. Es gibt für ihn kein geistiges Zentrum. Die inneren Zusammenhänge des künstlerischen, des historischen und des philosophischen Bewußtseins erfaßt er nicht, er spürt nicht einmal den Antrieb, nach ihnen zu forschen.

Blickt man hier nochmals auf das Ganze seiner Leistung zurück, so wird ihre repräsentative Bedeutung für diese Epoche der Philosophie unverkennbar. An ihm läßt sich am klarsten ermessen, was den hier vertretenen Denktypus mit Kant verbindet und was ihn von Kant trennt.

Die Verankerung des Weltbegreifens im mathematischen Denken bei gleichzeitiger Einschränkung auf sinnliche Erfahrung, die Höherwertung der moralischen Erkenntnis der physischen gegenüber, die Überzeugung von der Positivität des systematischen Wissens eben durch skeptische Abschnürung desselben von der Metaphysik — all das weist auf den Kritizismus hin, ohne ihn vorwegzunehmen, ohne ihn eigentlich auch bloß anzubahnen. Denn es sind hier nicht einmal noch seine Elemente im widerspruchsfreien Nebeneinander gegeben; im Gegenteil, gerade ihr Widerspruch ist es, der zu einer neuen Lösung drängt. Es ist die akut werdende, wenn auch nicht klar empfundene Krise zwischen Empirismus und Rationalismus, zwischen der theoretischen und der praktischen Vernunft. Das Gedankengebäude der französischen Aufklärung konnte durch seine glänzende Fassade nicht dauernd über die mangelnde Tragfähigkeit seiner Grundlagen hinwegtäuschen; es krachte schon in allen Fugen, noch ehe ihm in dem eindrucksvollsten und wirksamsten Erzeugnis der ganzen Periode, der großen Enzyklopädie, die Krönung gegeben wurde.

3. Die Enzyklopädie

Der Plan der Enzyklopädie ist noch vor der Mitte des Jahrhunderts entstanden. Es dauerte nicht lange und seine Verwirklichung wurde tatkräftig in Angriff genommen. Freilich hatte sie außerordentliche Hindernisse zu überwinden, die sie gänzlich in Frage stellten. Wenn sie dennoch zum Ziel gelangte, so hat sie dies nicht allein dem mächtigen

Einsatz Diderots und der tätigen Mitwirkung einiger anderer Persönlichkeiten zu verdanken, sondern noch mehr einer Notwendigkeit, die in der damaligen Zeit lag. Die Zeit verlangte ein solches Buch. Wir können dieser Tatsache heute ebenso schwer gerecht werden, wie etwa der Wirkung Voltaires oder der gesamten Aufklärung — und zwar aus dem längst bezeichneten Grunde: weil uns das zur Selbstverständlichkeit geworden ist, was damals eine noch unerfüllte Forderung war; und weil es uns eben durch ihre Erfüllung zur Selbstverständlichkeit werden sollte. Es gibt seit mehr als einem Jahrhundert das, was man a l l g e m e i n e B i l d u n g nennt; und es gibt, vermöge ihrer, eine öffentliche Meinung und ein Organ derselben. Zu ihrem Zustandekommen, ihrer Entstehung, Ausbreitung und Verfestigung hat die Gesamtbewegung der Aufklärung, innerhalb ihrer wieder die französische, innerhalb der französischen das Unternehmen der Enzyklopädie das meiste beigetragen. Bis dahin gab es allenthalben geistige Strömungen verschiedenen Niveaus, verschiedener Breite und Tiefe, verschiedener Spannung und Richtung; eben deshalb forderten sie einen Ausgleich. Die Enzyklopädie vollzog ihn; und daß sie ihn vollziehen mußte, verbürgte ihr Gelingen, nicht bloß den äußeren, sondern auch den inneren Schwierigkeiten gegenüber, die eben in der Verschiedenartigkeit der zusammenwirkenden Geister begründet waren. Dieser Erfolg macht im Positiven wie im Negativen ihre Bedeutung aus. Im Positiven: weil sie das Erstarken des Selbstbewußtseins einer nach kultureller, politischer, sozialer Befreiung und Autonomie trachtenden Gesellschaft begünstigte. Im Negativen: weil damit unleugbar eine Abflachung und Verseichtigung des geistigen Lebens gegeben war, die nicht zum mindesten auf Rechnung der von den Enzyklopädisten und der Enzyklopädie ausgehenden Einflüsse kommt.

Zeitliche Notwendigkeiten werden nicht über Nacht fällig; so hat auch dieses Werk seine Vorläufer und Vorboten gehabt. Seit der Renaissance häufen sich die Versuche solcher Art. Der bedeutsamste ist Bayles vielgelesener und eifrigst benützter Dictionnaire, dessen im Früheren Erwähnung geschah. Von ihm haben die französischen Enzyklopädisten weniger das Material als die Methode entlehnt. Bayle hat den Konflikt zwischen Vernunft und Glauben in seiner äußersten Schärfe gezeigt; diese Tatsache wiegt schwerer als die Beantwortung der Frage, nach welcher Seite er ihn selber entschied und ob man die Entscheidung i n d e n Zeilen seines Werkes oder z w i s c h e n i h n e n zu suchen habe. Ist der Zweifel einmal geweckt, so ist es schwer, ja unmöglich, ihn dauernd auf ein bestimmtes Endergebnis festzulegen; er läßt sich seine Richtung dann nicht mehr vorschreiben. Bayle also ist erwiesenermaßen ein Hauptfaktor der Enzyklopädie wie des 18. Jahrhunderts im allgemeinen. Es kamen noch andere Einflüsse unmittelbarer Art hinzu. So war Diderot wahrscheinlich schon durch seine Übertragung eines englischen Dictionaires für Medizin und Chemie auf ein Unternehmen ähnlicher, aber viel umfassenderer Art eingestellt. Und schließlich erschien 1727 eine Enzyklopädie des Engländers Ephraim Chambers in zwei Bänden. Ein französischer Verleger, der das Recht der Übersetzung erworben hatte, wendete sich an den damals noch jugendlichen Diderot, in dessen Händen das Werk bald einen ganz anderen Charakter gewann. D'Alembert, damals schon Akademiker, wurde zugezogen, der Verlag in entsprechender Weise erweitert. Die Unternehmung, auf die sich das Interesse der Öffentlichkeit in kurzem richtete, nahm ihren Fortgang. Im Oktober des Jahres 1750 erschien der Prospekt. Er begründete zunächst den Titel des gewaltigen Werkes: Encyclopédie ou dictionnaire raisonné des sciences, des arts et des métiers (Enzyklopädie oder Wörterbuch der Wissenschaften, Künste und Gewerbe). In dem Titel lag ausgesprochen, daß ein Bild der gesamten bis zu dem Zeitpunkt der Abfassung erreichten Menschheitskultur vermittelt werden sollte. Und zwar ein einheitliches Bild, nicht bloß eine unermeßliche Reihe von Einzelbildern. Wie die Zweige eines Baumes zu seinem Stamme, so sollen sich die verschiedenartigsten Kulturerscheinungen zu ihrem gemeinsamen Grundstamm, dem vernünftigen Geiste, verhalten; und diese Verbindung mußte in jedwedem besonderen Falle sichtbar gemacht werden. Einerseits zog die Enzyklopädie den Kreis ihrer Aufgaben ungeheuer weit; sie beschäftigte sich nicht bloß mit sämtlichen Wissenschaften, sondern auch mit den schönen Künsten, ja sogar den Gewerben und technischen Betrieben, welch letztere in allen bisherigen Sammelwerken ähnlichen Charakters vernachlässigt worden waren. Auf der anderen Seite entsprach dieser Vielfältigkeit eine um so entschiedenere Tendenz der Vereinheitlichung. Keine Tatsache sollte isoliert für sich stehen, an jeder sollten die Fäden aufgezeigt werden, durch die sie mit den verwandten Tatsachen und mit den ihnen insgesamt zugrunde wohnenden Prinzipien zusammenhing. Oder wie es von den Herausgebern selbst bezeichnet wurde: das Werk sollte zugleich den Anforderungen eines Dictionnaire und einer Enzyklopädie entsprechen. Wenn wir das Ganze der Erkenntnis mit einem vielverzweigten Baume vergleichen, so war also bei jedem zur Behandlung gelangenden Einzelartikel, gleichsam als dem einzelnen Zweige, die Verbindung aufzuweisen, in der er mit den benachbarten Zweigen und mit dem gemeinsamen Stamme sich befindet; solchermaßen sollte ein Bild von der Einheit des menschlichen Wissens vermittelt werden[104]. Von besonderer Bedeutung war, wie soeben erwähnt, die Einbeziehung der Technik in den Gesamtplan. Denn hier war noch so gut wie alles zu leisten. Den Theoretikern fehlte es fast durchwegs an gediegener Fachkenntnis; den fachlich Geschulten zumeist an der theoretischen Ausdrucksfähigkeit. Es mußte der ganze Arbeitsprozeß von der Gewinnung des Rohmaterials bis zu seiner endgültigen Verwertung durchlaufen werden; Maschinen und Werkzeuge waren ebenso im Detail zu berücksichtigen, wie die Handgriffe und Fertigkeiten derer, die sie zu bedienen hatten. Es war insbesondere Diderot, der sich dieser unerhörten Mühe unterzog, selbst Werkstätten, Fabriken und Betriebe aufsuchte, um sich mit den Produktionsvorgängen vertraut zu machen. So erschienen 1751 der erste und zweite Band der Enzyklopädie mit dem ihnen vorausgeschickten „Discours" d'Alemberts, dem „Tableau des connaissances humaines" (Tabelle der menschlichen Erkenntnisse) und der Widmung an den Minister d'Argenson. Der Absatz war ein außerordentlicher. Schon 1750 gab es 4300 Subskriptionen, das macht nach Brunetières Berechnung für die damalige Bevölkerungsziffer etwa ein Exemplar auf 6000 Köpfe. Bringt man die Kinder und die in jener Periode zahlreichen Analphabeten in Abzug, so kann man annehmen, daß nahezu jeder halbwegs Gebildete im Besitze der Enzyklopädie war oder doch wenigstens von ihr Kenntnis hatte. Der Gegenstoß blieb nicht aus. Im Jahre 1752, da alles im besten Gange schien, erfolgte unerwarteterweise die behördliche Unterdrückung der beiden ersten Bände. Dessenungeachtet nahm das Werk seinen Fortgang und es erschien in jedem der nachfolgenden Jahre bis 1757 je ein Band, so

GESAMTPLAN UND BEDEUTUNG DES WERKES

daß zu diesem Zeitpunkte die sieben ersten vollendet vorlagen. Da brach im Jahre 1759 der Sturm mit verdoppelter Heftigkeit los. Der unausgesetzten Wühlarbeit der sich gegen die Enzyklopädie verbindenden reaktionären Kreise, namentlich der Jesuiten und des Parlamentes, war es gelungen, sie als ein die Grundlagen der staatlichen, sittlichen und religiösen Ordnung unterwühlendes Werk der Obrigkeit verdächtig zu machen. Das Privileg wurde zurückgezogen, die Subskriptionen wurden eingestellt. Dazu kam, daß der innere Zusammenhang der Mitarbeiter schon seit einiger Zeit sich zu lockern anfing. D'Alembert war 1758, des Kampfes überdrüssig, von der Leitung zurückgetreten. Auch Voltaire zog sich zurück[105], nachdem Rousseau schon früher, beleidigt durch den Artikel „Genf", sich von den Enzyklopädisten losgesagt hatte[106]. Die Gegner des Unternehmens hatten das Erscheinen von Helvetius' „L'esprit" benützt, um mit dem Streiche, den sie gegen dies Buch führten, zugleich die Enzyklopädie zu treffen. Aber auf die Dauer konnte sie nicht niedergehalten werden. Die Last und Verantwortung lag jetzt ganz auf den Schultern Diderots, der nicht eher ruhte, als bis das Riesenwerk im Jahre 1765, 27 Bände umfassend, zur Vollendung gediehen war.

Fragt man sich, was den Widerstand der Feinde herausforderte, so war es wohl der richtige Instinkt für den revolutionären Grundzug der Enzyklopädie, der sich hinter scheinbaren Zugeständnissen an die herrschenden Mächte verbarg. Konnte einem doch nicht entgehen, daß hier die Tradition vor den Richtstuhl der Kritik, und zwar einer keineswegs unparteiischen Kritik gefordert wurde! Und wenn einen die Enzyklopädie noch täuschen konnte, hatte man nicht die Schriften der Enzyklopädisten, der Diderot, d'Alembert, Voltaire vor Augen? Auch war ihre Taktik in dem Unternehmen selber schließlich zu durchschauen. Man ließ eine überlieferte Lehrmeinung in dem Hauptartikel, der sie betraf, zum Scheine gelten, erschütterte sie aber um so sicherer in den Konsequenzen, die dann in anderen Artikeln umgeworfen wurden. Solchermaßen wurde der Boden der alten Welt langsam und kaum merkbar abgetragen. Das Geheimnis dieser Methode, die wiederum in Bayle vorgeformt lag, hat uns Diderot in seinem ausführlichen Artikel „Encyclopédie" selber enthüllt, der überhaupt letzte Einblicke in den Plan und die Ausführung des ganzen Unternehmens gewährt.

DIE ENZYKLOPÄDIE

Es ist also gar kein Zweifel, daß die Enzyklopädie ähnlich wie Voltaires und Rousseaus Schriften auf dem Wege zur Revolution lag, und so ist es erklärlich, daß ihr die Mächte der Vergangenheit sich zu einem verzweifelten, schließlich erfolglosen Widerstande entgegenstemmten.

KULTUR- UND GESELLSCHAFTS-PHILOSOPHIE

In den Werken Condillacs, Montesquieus, Voltaires, der Enzyklopädisten sehen wir den Geist der französischen Aufklärung noch in Bildung begriffen; es gibt hier noch so etwas wie eine Entwicklung, ein Durchlaufen verschiedener Standpunkte, eine gedankliche Bewegung, die ihrem Wesen nach starre Festlegung und Endgültigkeit ausschließt. Man denke an Diderot selber, diesen unruhig Suchenden, nirgends zum Stillstande Kommenden! Aber die Enzyklopädie ist etwas anderes als Diderot; in ihr hat sich der Geist der Epoche schon niedergeschlagen, sie ist, wie sie das Alphabet menschlichen Wissens bis zum letzten Buchstaben absolviert, ein Abschluß und Ende. Einem ähnlichen Niederschlage begegnen wir in den Schriften einer Reihe von Denkern, denen wir uns nunmehr zuwenden. Es sind namentlich diejenigen Turgots, Condorcets und Volneys. Nicht als ob nicht auch hier Unterschiedliches zu verzeichnen wäre; aber es tritt zurück hinter die unverkennbar gewordene Tatsache, daß sich hier ein Denktypus fixiert hat. Das zeitliche Moment spielt dabei keine entscheidende Rolle. Turgot, dessen Biographie Condorcet verfaßt hat, ist der erheblich ältere; aber in ihm fassen sich schon die Ergebnisse der ganzen Bewegung zusammen. Außerdem entfaltet sich in ihnen, wie übrigens auch schon in d'Alembert, mit unverkennbarer Deutlichkeit das Programm des späteren P o s i t i v i s m u s. Folgendes sind seine drei Hauptpunkte: 1. Der theoretische. Es gibt keine Metaphysik, keine Wissenschaft vom Übersinnlichen; Erkenntnis beschränkt sich auf Erfahrung des Gegebenen, und zwar auf einheitliche, kraftersparende Ordnung desselben. 2. Der technisch-praktische. Es kommt darauf an, die Erforschung der Naturkräfte und Naturgesetze, die allein auf diesem Wege möglich ist, zur Naturbeherrschung zu verwerten. 3. Der sozialökonomische

Gesichtspunkt. Das solchermaßen Errungene muß seiner zweckentsprechenden Verwendung im Dienste und zum Wohle der Gesamtheit zugeführt werden. Die beiden ersten Gesichtspunkte weisen noch auf Bacon von Verulam zurück. Der dritte hat sich erst nach und nach, mit dem Vordringen des revolutionären Geistes Geltung verschafft; bei Condorcet ist er bereits vollends durchgedrungen. Aus diesem Programm erklärt sich die Kampfstellung der Denker gegen jede Metaphysik, ob sie im religiösen, dogmatischen oder mystischen Gewande auftrete; sodann ihre Kritik der rechtlichen, staatlichen und gesellschaftlichen Verhältnisse. Der Gesamtausdruck all der genannten Tendenzen, ihr philosophischer Inbegriff ist das Prinzip des kulturellen Fortschrittes, der felsenfeste Glaube an die Entwicklungsfähigkeit der Menschheit und an die Wirklichkeit ihrer Entwicklung. Bei Voltaire hat dieser Glaube noch sehr schwankenden, von bohrender Skepsis vielfach durchsetzten Charakter; Rousseau zerstört ihn nicht, allein er erschüttert ihn in seinen Grundlagen; hier dagegen tritt er mit der Selbstverständlichkeit und Unverrückbarkeit einer wissenschaftlichen oder sogar religiösen Urtatsache auf. Und zwar hat er sich bei Turgot tatsächlich noch nicht völlig von der positiven Religion abgewendet; bei Volney hat er noch einige lose Beziehungen zu ihr; Condorcet stellt ihn ganz auf den Boden nüchterner Verstandeshaftigkeit. Durch ihn ist der Fortschrittsgedanke zum zentralen Gesichtspunkte in der Auffassung des Menschheits- und Kulturproblems geworden.

Turgot (Robert Jacques, Baron de l'Aulne) ist 1727 in Paris geboren, wurde 1774 von Ludwig XVI. zum Generalkontrollor der Finanzen ernannt. Sein Streben ging nach Entlastung, Hebung und Bildung des gemeinen Mannes durch Aufhebung von Abgaben, Reform des Ackerbaues und Getreidehandels, durch Wohlfahrtseinrichtungen. Er plante eine gründliche Reform des französischen Wirtschafts- und Rechtslebens. Da er nicht durchdrang, zog er sich bereits 1776 zurück, um sich ganz seinen Studien zu widmen; er starb im Jahre 1781.

In dem „Discours sur l'histoire universelle" (Abhandlung über die Weltgeschichte) und dem „Discours en Sorbonne" (1756) entwirft Turgot die Leitlinien seiner Weltauffassung. Zur Physik im weiteren Sinne werden auch Metaphysik und

Logik gerechnet, welch letztere die Lehre von den geistigen Tatsachen und der Entstehung der Ideen sein soll; sogar die Geschichte würde dieser Gruppe eingeordnet, wäre nicht hier die Verknüpfung der naturnotwendigen und der aus freiem Willen hervorgehenden Begebenheiten eine zu lose, um strenge Erkenntnis zu ermöglichen. Hier gewahrt man deutlich genug die Linie, die von Bacon und Hobbes zu d'Alembert und Turgot und über sie hinaus zu Auguste Comte und den neuesten Positivisten führt. Unseren Glauben an die Existenz der Außenwelt leitet auch Turgot, ähnlich wie Destutt de Tracy, aus der aktiven Gegenwirkung des Organismus auf die von außen erhaltenen Reize her. Unser Urteil ist gleichsam ein abgekürzter Ausdruck für alle durch die Objekte in uns ausgelösten Bewegungen, und die Realität der Wirkung verbürgt zugleich die Realität der Ursache[107].

In dem „Second discours sur les progrès successifs de l'esprit humain" (Zweite Abhandlung über die allmählichen Fortschritte des Menschengeistes) 1750, bekennt sich Turgot zu einem begeisterten Glauben an die geistige und sittliche Entwicklung, der in eine Apologie des 18. Jahrhunderts, des Jahrhunderts der großen Persönlichkeiten und der erwachenden Vernunft, ausläuft. Er mochte damals, wie so viele seiner philosophischen Zeitgenossen, noch gemeint haben, daß sich der Sieg der neuen Ideen ohne gewaltsame Erschütterung vollziehen werde. Dabei zeichnet ihn eine bessere Erkenntnis und Einschätzung der wirkenden Kräfte aus. Die Vernunft, meint er, darf den Leidenschaften nicht vorgreifen, wenn sie nicht, wie in China, vorzeitig alles zum Stillstande bringen soll[108]. Auch die Bedeutung der Gesetze darf nicht überschätzt werden; eine tiefere Läuterung der Gemüter ist erforderlich. Er verwirft des Helvetius Leugnung der persönlichen Tugenden und einer allgemeinen menschlichen Moral; der Mensch ist mehr als eine eigennützige Maschine; das Bedürfnis zu l i e b e n, ist ihm eingepflanzt[109]. So vermag Turgot der Religion, insbesondere dem von der Mehrzahl der Aufklärer so gröblich verkannten Christentum gerechter zu werden als sie, wie sein „Discours sur les avantages, que l'établissement du christianisme a procurés au genre humain", 1750 (Abhandlung über die Vorteile, die die Einführung des Christentums dem Menschengeschlechte verschafft hat) beweist. Hier führt er aus, was damals und in der französischen Revolution so sehr in Vergessenheit geraten war: daß erst das Christentum die wahre Grundlegung der Menschenrechte vollzogen hat.

Gegen diese Wahrheit verschließt sich C o n d o r c e t (Carität, Marquis de Condorcet), 1743—1794, Mathematiker und Philosoph, Mitglied der Akademie der Wissenschaften, der an der französischen Revolution tätigen Anteil nahm, zum Sturz des Königtums beitrug, dann, als Mitglied der Gironde, unter der Schreckensherrschaft verfolgt wurde und nach achtmonatlicher Verborgenheit, während deren er sein Hauptwerk verfaßte, verhaftet und am nächsten Tage vergiftet in seinem Gefängnisse aufgefunden wurde. Sein Hauptwerk lautet: „Esquisse des progrès de l'esprit humain" (Entwurf der Fortschritte des menschlichen Geistes). Christentum und Religion im allgemeinen gilt ihm als überwundene Sache, als Ausgeburt des Aberglaubens und der Schwärmerei[110]. In dem unbedingten, dogmatischen Glauben an die Macht des Fortschrittes geht er noch weit über Turgot hinaus. So darf man von ihm recht eigentlich sagen, daß er die Summe der Aufklärung gezogen und ihr Erbe für die kommenden Geschlechter angelegt hat. Der Mensch, so heißt es, ist ein mit Empfindung begabtes Wesen, das fähig ist, Vernunftschlüsse zu bilden und sich moralische Begriffe zu erwerben. Aufgabe der theoretischen Vernunft ist Erkenntnis der Naturgesetze und damit Befreiung von den Wahngebilden und Irrtümern; Aufgabe der praktischen Vernunft die Ordnung aller menschlichen Angelegenheiten durch Aufstellung richtiger Gesetze, die das individuelle Interesse mit dem der Gesamtheit versöhnen. Planmäßige Erarbeitung eines Maximums an Lust- und Glückswerten, das ist Sinn und Zweck des Kulturprozesses. Condorcets Denken ist vorwiegend ökonomisch und technisch orientiert. Den Wert der äußeren Behelfe, vom Werkzeuge und der Maschine bis zu der Anlage umfassender Tabellen zur Vereinfachung und Erleichterung des Erkennens schlägt er ungemein hoch an. Man kann überhaupt ruhig sagen, daß er alles verneint, was sich nicht vor dem rechnenden Verstand zu rechtfertigen vermag, alles bejaht, was solcher Rechtfertigung standhält. Dennoch ist ein tief sittlicher, echt humanistischer Grundzug überall in diesem Werke zu verspüren; die meisten Motive des modernen Freidenkertums sind darin vorweggenommen. Veredlung der Menschen, Fortschritte der Gleichheit zwischen ihnen als Individuen und als Nationen, vor allem Befreiung in geistiger, politischer und sozialer Hinsicht, so lautet das Ideal, dem Condorcet zustrebt. Er sieht die Zeit kommen, da die Sonne auf dem ganzen Erdrund nichts mehr beleuchten wird als freie Menschen, die keinen anderen Gebieter mehr erkennen als die Vernunft, da die Treiber und die Sklaven, die Priester und ihre blödsinnigen oder heuchlerischen Werkzeuge nicht mehr sein werden als in der Geschichte und auf der Schaubühne[111]. So dürftig und unzulänglich hier Welt- und Menschheitsbegriff geraten sind, so sehr sich darin die Blößen der Aufklärung enthüllen, Condorcet hat doch schließlich erkannt, worauf es ankommt: das menschliche Geschlecht ist in das Stadium seiner Mündigkeit getreten, es will und soll seinen eigenen Entwicklungsprozeß zielbewußt und zielstrebig bestimmen. Sittliche und geistige Autonomie heißt die Losung des Werkes und des ganzen Zeitalters, der dann Kant den tiefsinnigsten Ausdruck gab.

Aus dem gleichen Geiste sind seine „Mémoires sur l'instruction publique" (Memorandum über die öffentliche Erziehung) vom Jahre 1792 entstanden, in denen er eine möglichst allgemeine und gleichartige öffentliche Erziehung als Vorbedingung der richtigen Ausübung der Rechtsgleichheit und der Überwindung der Tyrannei hinstellt. Condorcet hat auch Biographien Voltaires und Turgots „Vie de Voltaire" und „Vie de Turgot" verfaßt.

Eine ähnliche Erscheinung ist V o l n e y, oder, wie sein ursprünglicher Name lautete, Constantin François de Chasseboeuf, 1758—1820; von Beruf Orientalist, nahm er an der französischen Revolution Anteil, wäre aber durch seinen charaktervollen Protest gegen die Schreckensherrschaft derselben fast wie Condorcet zum Opfer gefallen, wenn ihn nicht Robespierres Sturz gerettet hätte. Seine Hauptwerke, die für uns hier in Betracht kommen, sind der „Catéchisme du citoyen français" (Katechismus des französischen Bürgers"), 1793, in zweiter Auflage betitelt „La loi naturelle ou principes physiques de la morale déduits de l'organisation de l'homme et de l'Univers" („Das natürliche Gesetz oder physikalische Prinzipien der Moral, abgeleitet aus der Organisation des Menschen und des Weltalls"); sodann die noch bekannter gewordene Schrift „Les ruines" („Die Ruinen"). Auch Volney führt alle Äußerungen auf Eigenliebe zurück und er unterscheidet lediglich zwischen blinder und vernünftiger Eigenliebe; jene zerstört, diese baut auf. Alle Erkenntnis entstammt den Sinnen, und deshalb hört die Klarheit auf, wo die sinnliche Sphäre überschritten wird, und es beginnt endloser Widerstreit der Meinungen. Aus diesem Grunde muß der Theologie und Religion der Einfluß auf die bürgerliche Ordnung entzogen werden. Leitend muß allein das natürliche Gesetz sein. Das natürliche Gesetz ist die Ordnung, die der Natur des Menschen und der Welt innewohnt, gegen die zu verstoßen ihm und der Welt Schaden verursacht. Dieses Gesetz haftet dem Sein an, kommt unmittelbar von Gott, ist für alle gleich und älter als die menschlichen Gesetze, allen Völkern und Zeiten gemeinsam, beständig der Beweisführung durch die Sinne zugänglich, das einzige, das Frieden und Glück bringt. Es ist ursprünglich, unmittelbar, allgemein, unveränderlich, klar, vernünftig, gerecht, friedlich, wohltätig, für sich zureichend. Die höchste Ursache der natürlichen Ordnung ist Gott, der Gottesdienst der Anhänger und Bekenner derselben besteht lediglich in der Tat. Die Kenntnis des Gesetzes beruht nicht auf dem Instinkt, sondern auf der Vernunft, sie ist wesentlich bewußt. Die einzige Grundvorschrift ist die Selbsterhaltung. Bloße Lust über das Bedürfnis hinaus wirkt zerstörend. Durch Unwissenheit und Leidenschaft täuschen wir uns über die ursprünglich reine Empfindung, aber in der Wirkung der Taten stellt sich dann die Erkenntnis ein. Deswegen müssen wir die Leidenschaften beschränken und den Verstand ausbilden. Unwissenheit ist die eigentliche Erbsünde. Ähnlich wie Voltaire betont auch Volney gegen Rousseau, daß nicht der Urmensch der natürliche ist, sondern der zum Bewußtsein der Natur erwachte. Aus dem natürlichen Gesetz allein begründet sich die wahre Moral des individuellen und sozialen Menschen. Gut ist, was erhält und vervollkommnet. Es gibt fünf individuelle Tugenden: Wissen, Mäßigkeit, Mut, Tätigkeit und Sauberkeit; drei häusliche Tugenden: Ökonomie, Liebe zu seiner Umgebung, Pflichterfüllung.

Überall kann leicht gezeigt werden, wie die Nichtbefolgung der physischen Erhaltung schadet. Die soziale Haupttugend ist die der Gerechtigkeit. Ihr Inhalt lautet: Tue anderen nicht, was du nicht willst, daß man dir tu'. Darin ist eingeschlossen: Freiheit, Gleichheit, Eigentum. Wenn wir einem anderen schaden, so geben wir ihm damit das Recht, uns wieder zu schaden; erweisen wir ihm Gutes, so haben wir das Recht, Gutes von ihm zu beanspruchen. Unredlichkeit ist lediglich ein Zeichen von falschem Urteil und beschränktem Verstand, der Schurke berechnet töricht. Hieraus ergeben sich vier Lehrsätze: 1. Erhalte dich! 2. Unterrichte dich! 3. Mäßige dich! 4. Lebe für deinesgleichen, damit deinesgleichen für dich lebe!

Alle die genannten Schriften bewegen sich im Gedankenkreise der französischen Revolution, innerhalb dessen sich Kampf und Sieg der bürgerlichen Weltanschauung über die feudale und kirchliche abspielt. Es fehlt indessen auch nicht an Erscheinungen, die schon eine Kundgebung des sozialistischen Geistes sind, wenn auch mehr in der Form der Utopie als der exakten Darstellung. Vor allem ist hier der „Code de la nature" („Kodex der Natur") des Abbé M o r e l l y vom Jahre 1755 zu nennen, ein Werk, das man lange Diderot zuschrieb, obgleich es in Form und Inhalt, in der pedantischen Enge und Starrheit seiner Systematik dem beweglichen, fast sprunghaften Temperamente des Enzyklopädisten geradezu widerstreitet. Der „Code de la nature" will nicht Reform, sondern gänzliche Umwandlung aller Verhältnisse durch Abschaffung des Privateigentums und Überführung sämtlicher Produktionsmittel und der durch eine planmäßige Organisation der Arbeit gewonnenen Genußgüter in Gemeinbesitz. Der Mensch hat von Natur aus ebensowenig angeborene Neigungen als Ideen; dann heißt es freilich wieder, an Rousseaus Lehre anklingend, daß der Mensch von Natur gut ist und daß er bloß durch eine falsche Erziehung verdorben wurde. Es gibt bloß ein Urübel, in dem alle anderen begriffen sind: die Habsucht[112]. Mit dem Eigentum ist demnach das Böse an der Wurzel ausgetilgt. Die Gesellschaft ist ein großer, einheitlicher Organismus, dessen Glieder die Individuen sind. Dieses Verhältnis muß zunächst in der wirtschaftlichen Gestaltung Ausdruck erhalten. Die Natur hat uns zur Gleichheit und wechselseitigen Ergänzung gebildet. Es kann sich allein darum handeln, die Teile des Ganzen zu jenem Grade der Zusammenstimmung zu bringen, der sowohl der Beschaffenheit der Teile als auch der im Ganzen hervorzurufenden Harmonie Rechnung trägt. Sache des Gesetzgebers wird es sein, die Arbeiten nach dem Lebensalter, dem Maße der vorhandenen Kräfte und Anlagen zu verteilen. Arbeitsloses Einkommen ist bei arbeitsfähigen Individuen ausgeschlossen. Denn ein solches fördert nicht bloß die Trägheit derer, die im Genusse dieses Privilegs stehen, es verdirbt die Arbeitsfreudigkeit der anderen und erzeugt in ihnen ein Gefühl des lästigen Zwanges [113]. Alle Wohlfahrt auf Erden stammt aus dem Gemeinsinne, alles Elend rührt von dem Verfall desselben her, der dort einsetzt, wo das persönliche Interesse oder das engerer Gruppen über das Interesse der Gesamtheit gestellt wird. Die höchste sittliche Maxime hat nicht zu lauten: Was du nicht willst, daß man dir tu', das tue auch nicht dem anderen, sondern positiv: Was du empfangen willst, das tue auch [114]. Das oberste Prinzip nicht bloß der Moral, sondern auch der Religion ist das der Wohltätigkeit, das uns unmittelbarer und sicherer zur Erkenntnis der Gottheit führt als der Anblick des sichtbaren Universums. Dieser ergänzt und erweitert den Gottesbegriff, allein er begründet ihn nicht [115]. Hier rückt der „Code" in greifbare Nähe zur Kantschen Religionsphilosophie. Es folgen im vierten Teile der Schrift die Prinzipien der Gesetzgebung, vor allem die Grundgesetze, denen gemäß Besitz aber auch die gesamte bürgerliche Existenz, Sache und Personen verstaatlicht werden. Nichts in der Gesellschaft gehört dem einzelnen, mit Ausnahme bloß dessen, was er für seine gegenwärtigen Bedürfnisse oder für seine Arbeit benötigt. Jeder Bürger gehört mit dem Augenblicke der Geburt der Öffentlichkeit an, die für seinen Unterhalt aufzukommen hat. Zum Entgelt dafür hat sie Anspruch auf seine Arbeitskraft und eine im Interesse der Gesamtheit erfolgende Verwendung derselben. Unter den anderen Gesetzen verdienen namentlich die über die Ehe, Familie und Erziehung Beachtung. Jeder Heiratsfähige wird verheiratet und in den ersten zehn Jahren ist seine Ehe untrennbar. Jedes Kind verbleibt während der Kindheit unter der elterlichen Obhut, dann tritt es in eine Werkstatt ein, erhält dort Wohnung, Bekleidung, Verpflegung. Die Verpflichtung zur körperlichen Arbeit, insbesondere zum Landbau, wird auf alle ausgedehnt. Metaphysik und Moral werden auf die einfachsten Lehren eingeschränkt, den Wissenschaften, Erfindungen, Künsten wird freiester Spielraum gegeben. Wer den Versuch unternimmt, das Eigentum wieder einzuführen, wird, als der größte Feind der Menschheit, zu lebenslänglicher Einkerkerung verurteilt; hat er doch ein Verderben heraufbeschwören wollen, das alle

Laster und Übel, durch die unsere Gesellschaft bedroht wird, in sich einschließt.

Aber wie nun diese Prinzipien verwirklichen? Wie weit ist dies in einer Gesellschaftsordnung möglich, die gerade von den entgegengesetzten Voraussetzungen beherrscht ist? Dies ist das Problem, das sich der Abbé Bonnot de M a b l y, der ältere Bruder Condillacs, mit ihm Erzieher des Prinzen von Parma, stellt. Seine Lösung versucht er namentlich in dem Werke „De la législation ou principes des loix" („Über die Gesetzgebung oder Prinzipien der Gesetze", 9. Bd. der gesamten Werke, London, 1789). Ein Schwede und ein Engländer unterhalten sich über die Verfassung ihrer Länder und darüber, welche von beiden die bessere sei. Die Frage ist unbeantwortbar ohne die grundlegende nach dem Sinn und Zweck der Gesetze im allgemeinen. Dieser ist ein einheitlicher, von Klima und Boden unabhängiger, wie hier gegen Montesquieu und Anhänger betont wird[116]. Er besteht in der Förderung eines naturgemäßen Lebens, dessen Haupterfordernis die Gleichheit in den allgemeinen Daseinsbedingungen und Glücksgütern der Menschen ist[117]. Durch die Ungleichheit ist den beiden Grundlastern der menschlichen Natur, der Habgier und der Ehrsucht, Tür und Tor geöffnet worden; ersterer durch die Ungleichheit in den Glücksgütern, letzterer durch die in den Daseinsbedingungen[118]. Die Ursache der Zerstörung der Gleichheit ist die Einführung des Eigentums, die man irrigerweise als Voraussetzung der Gesellschaft betrachtet[119], während die organische Verfassung der letzteren vielmehr die der Gütergemeinschaft wäre. Ein Versuch, sie unter den herrschenden Verhältnissen gewaltsam wiederherzustellen, würde indessen die der beabsichtigten gerade entgegengesetzte Wirkung hervorrufen, nämlich Habgier und Ehrsucht noch mehr entfachen[120]. Die bestehende Ordnung muß sogar des Schutzes der Obrigkeit sicher sein. Aber ihre Auswüchse können und müssen entfernt werden. Dies geschieht dadurch, daß der Staat sich selbst größte Einschränkung der Einnahmen und Ausgaben auferlegt[121]. Bekämpfung des Luxus, Vereinfachung des Steuersystems durch Abschaffung der indirekten Steuern sind unerläßliche Maßregeln. In ähnlicher Weise muß der Ehrsucht der Bürger durch eine tunlichst gleichmäßige Verteilung der Regierungsgeschäfte auf die nach Möglichkeit zu vervielfältigenden Klassen wirksamst gesteuert werden. Der Staat hat sich zu demselben Zwecke der Eroberungspolitik zu entäußern und Kriege höchstens zu seiner Selbsterhaltung, mithin defensiv, zu führen [122]. Der äußere Frieden wird durch Überwindung von Gewalt und Erstarkung des Gerechtigkeitssinnes den inneren Frieden im Gefolge haben. Im dritten und vierten Buche spricht sich Mably über die Prinzipien der Gesetzgebung und Erziehung aus. Dem Bürger muß frühzeitig Liebe zum Staat und der Staatsform eingeflößt werden. Zur Erziehung gehört Religion, die ebensowenig in Fanatismus oder Aberglauben ausarten darf wie die Philosophie in Atheismus.

Unter Mablys übrigen Schriften erwähne ich „Droits et devoir du citoyen" („Rechte und Aufgabe des Bürgers"), wo der Verfasser sich gegen die Hobbessche Lehre vom passiven Gehorsam wendet und dem Volke das Recht und die Pflicht zuerkennt, eine ungerechte Gesetzgebung zu Falle zu bringen. Auch Mably ist sonach als Vorläufer der Revolution zu betrachten.

Wir können die genannten fünf Denker als die eigentlichen Dogmatiker der Aufklärung bezeichnen, denen wir nur noch zwei geistvolle, mehr der Skepsis zugewandte Persönlichkeiten folgen lassen: Vauvenargues und Galiani.

Luc de Clapiers, Marquis de V a u v e n a r g u e s (1715 bis 1747), verfaßte 1746 „L'introduction à la connaissance de l'esprit humain" („Einführung in die Erkenntnis des menschlichen Geistes"), eine Schrift, die sich vor den meisten der Epoche durch größere Feinheit der Seelenkenntnis auszeichnet; so reiht sie sich etwa den Werken La Rochefoucaulds, La Bruyères, Pascals an; eine Reihe, die ihre Fortsetzung in Lichtenberg, Chamfort, Amiel, Schopenhauer und Nietzsche findet; namentlich Nietzsche hat denn auch zu wiederholten Malen auf Vauvenargues hingewiesen. Der Grundzug seines Werkes ist ein naturalistischer, aber kein materialistischer und nicht einmal ein übertrieben sensualistischer, wodurch er sich von Lamettrie, Helvetius, aber auch von Galiani ersichtlich unterscheidet. Er zeigt ein bei den Aufklärern seltenes Verständnis für die intimeren Schwingungen der Seele. Die Liebe, so meint er, sucht im Sinnlichen den Ausdruck des Geistigen[123]. Als ein unbedingt Tugendgläubiger führt er in feiner Weise aus, daß die Laster nicht durch sich, sondern durch die Tugenden wirken, mit denen sie verbunden sind, wie zum Beispiel Mut, Standhaftigkeit, Energie, die nicht selten auch bei Frevlern beobachtet werden[124]. Die Tugenden erfüllen nicht alle unsere Bedürfnisse, weil letztere eben zum Teil lasterhafter Art sind; würde sich die Menschheit aber den Lastern überlassen, so müßte sie unfehlbar untergehen. So entscheidet Vauvenargues das Problem, das seit Mandevilles „Bienenfabel" im Mittelpunkte der moralphilosophischen Erörterung gestanden hatte, und dem Lamettrie und Helvetius, ähnlich wie der Verfasser jener Fabel, eine Wendung ins Antimoralische gaben. Freilich hat auch der Moralismus Vauvenargues' keineswegs den Charakter der Unbedingtheit; er erscheint vielmehr bedingt durch das Naturfaktum der Gesellschaft. Es gibt lediglich gesellschaftliche Moral: Gut und Böse wird genannt, was dem Gesamtwohle förderlich oder schädlich ist[125]. Vauvenargues unterscheidet zwischen *amour-propre* und *amour de nous-mêmes*, was wir am besten dem Sinne nach verdeutschen mit Selbstsucht oder Egoismus und Selbstliebe[126]. Äußerungen der Hingabe können aus der Selbstliebe, nicht aber der Selbstsucht entspringend gedacht werden. In ihnen erweitern wir den Kreis unserer Existenz, wir setzen unser eigenes Wohl und Wehe ganz in das fremde hinein; aber dies ist doch alles eher als Egoismus[127]. Vauvenargues will auch sonst von radikalem Skeptizismus, von Pyrrhonismus nichts hören. Aber es liegt dennoch jener Hauch weltmännischer Skepsis über seinen Betrachtungen und Gedanken, die auch darum dem Geiste strenger Systematik abgewandt sind.

Schärfer ist sie beim Abbé Ferdinand Galiani (1728 bis 1787) zu verspüren, einem gebürtigen Italiener, der sich im Pariser Salon so heimisch fühlte, daß ihm der ihm durch die Macht der Verhältnisse später aufgenötigte Aufenthalt in seiner Vaterstadt Neapel als grausame Verbannung erschien. Galiani ist eine der geistvollsten Erscheinungen der damaligen Gesellschaft. Für die strenge Philosophie kommt er freilich wenig in Betracht. Sein Hauptwerk sind die „Dialogues sur les blés" („Gespräche über das Getreide"), in denen er eine heftige Fehde gegen die namentlich durch Quesnay repräsentierten Ökonomisten führt. Er hatte außerdem schon früher eine Abhandlung über das Geld geschrieben. Am berühmtesten ist er durch seine Briefe geworden.

Der blendende Schliff des Gedankens, die spielende Überlegenheit des Ausdruckes läßt ihn neben Voltaire vielleicht am stärksten als Typus jener Geistigkeit erscheinen, deren Charakteristik wir in der Einleitung versucht haben. Es hätte wenig Sinn, aus der bunten Fülle seiner Aussprüche die Zugehörigkeit zu einer bestimmten Denkrichtung herauslesen zu wollen. Man wird ihn am besten als ein Glied jener Reihe betrachten, die, in ihren Anfängen auf die alten Sophisten zurückweisend, in der Renaissance besonders durch Machiavelli und später durch Hobbes vertreten wird. Es sind damit jene Denker gemeint, die den Menschen als einen Komplex von Kräften, und zwar rationalisierbaren, errechenbaren Kräften nehmen, Kräften, die sich, wenn man so sagen darf, auf einen Generalnenner bringen lassen und ziemlich restlos im reinen Verstandeskalkul aufgehen.

Es ist eine merkwürdige Verbindung von Dynamismus und mathematischem Rationalismus, was diese Betrachtungsweise charakterisiert und ihr eine immoralistische Pointe gibt; jene Pointe, die Nietzsche, der irrationale Dynamiker, an Galiani und verwandten Geistern so sehr gerühmt hat. In der Tat entwickelt der galante Abbé, dessen Briefe an Mme. d'Epinay, Mme. Necker, Mme. Geoffrin, Diderot, Grimm, d'Alembert zu den besten gehören, die die Briefliteratur vergangener Zeiten zutage gefördert hat, nicht selten einen verblüffenden Scharfsinn in der Zergliederung menschlicher Beziehungen und Angelegenheiten, in der Erfassung kultureller Situationen [128]. Freilich ist sein Blick ein mehr mikroskopierender; für die großen und letzten Zusammenhänge mangelt auch ihm das Organ. In seiner bald materialistisch, bald idealistisch schillernden Metaphysik behilft er sich schließlich mit einem skeptischen Fiktionalismus [129]. Es ist uns bewiesen, daß wir unfrei sind; aber dessenungeachtet sind wir überzeugt, frei zu sein und handeln danach; und für die Praxis kommt dies auf das gleiche hinaus, als ob wir tatsächlich frei wären. Die unmittelbare Überzeugung ist für uns mehr bestimmend als der logische Beweis.

Zum Abschlusse sei hier noch D u c l o s (1704—1772) genannt, der Verfasser der „Considérations sur les mœurs de ce siècle" (Betrachtungen über die Sitten dieses Jahrhunderts), dem wir einige schätzenswerte Beobachtungen über die innere Struktur jener Gesellschaft verdanken.

Nicht ohne Feinheit zeichnet er den Typus des liebenswürdigen Menschen, der mehr und mehr die Stelle des sozialen *(amabilité* und *sociabilité)* eingenommen und durch eine äußere Verbindlichkeit die tieferen Bindungen des menschlichen Zusammenlebens ersetzt. Im weiteren kritisierte Duclos einige Erscheinungsformen der damaligen Kultur, die — wenngleich abgedämpft — auf die folgenden Zeiten übergegangen sind: den *bon ton* [130] und den *bel esprit* [131]. In beiden drückt sich die Verantwortungslosigkeit einer Geisteshaltung aus, der (vgl. die Charakteristik des Rokoko) die Form alles, der Inhalt nichts geworden ist.

Das Heraufkommen des „guten Tones", des „Schöngeistes" bereitet jene uns allzu bekannte Intellektualität vor, die außer Beziehung zu den inneren Nöten und Notwendigkeiten der Welt steht, bis die letzteren — wie dies in der französischen kaum anders als in der modernen Revolution der Fall war — als ein verheerendes Strafgericht über sie hereinbrechen.

NATURPHILOSOPHIE

Wir haben bereits in den einleitenden Betrachtungen gesehen, daß der philosophische Charakter dieser Epoche durch nichts so charakterisiert ist, wie durch die Verlegung des Schwerpunktes in die äußere Natur, durch die **objektivistische Geisteshaltung**. Die Hauptphasen, die die Entwicklung zurücklegte, haben wir namentlich bei Diderot wahrgenommen. Es erweist sich indessen als notwendig, diese Bewegung vom Theismus zum Deismus und weiter zum Pantheismus, Naturalismus und Materialismus auch in einem weiteren Rahmen zu verfolgen.

Eingeleitet wird sie durch Fontenelle und Maupertuis. Der erstere (1657—1757) gehört einer früheren Epoche an. Sein naturphilosophisches Werk „Entretiens sur la pluralité des mondes" („Unterhaltungen über die Vielheit der Welten) vom Jahre 1686 hatte es unternommen, die großen Errungenschaften des Kopernikus, Galilei, Kepler und Descartes in leichtgeschürzter, anmutiger Darstellung der breiten Öffentlichkeit zu vermitteln. Die meiste Wirkung übte darin die Lehre von der einheitlichen und einfachen Verfassung der Körperwelt und der sie beherrschenden Gesetzmäßigkeit.

Wichtiger als Fontenelle ist Maupertuis (1698 bis 1759), dem das Verdienst gebührt, noch vor Voltaire die damals vom Kartesianismus beherrschte Generation für Newton gewonnen zu haben. Obwohl der Systematik abhold[132], vermeint Maupertuis, der von Friedrich dem Großen zum Präsidenten der Akademie der Wissenschaften in Berlin ernannt worden war, im Besitz eines Prinzips zu sein, das die Existenz der Gottheit und zugleich den Plan der göttlichen Weltordnung uns gleichsam vor das geistige Auge zaubert. Er nennt es: *le principe de la moindre quantité d'action* (Prinzip des geringsten Kraftausmaßes) und stellt es dem Kartesischen Prinzip der Erhaltung der Bewegungsgröße — Produkt aus Masse mal Geschwindigkeit — und dem Leibnizschen der lebendigen Kraft — Produkt aus Masse und Quadrat der Geschwindigkeit — gegenüber. Und zwar definiert er die Aktion, die bei jedem Naturvorgang ein Minimum sein soll, als Produkt der Masse, der Geschwindigkeit und des durchlaufenen Raumes[133]. Aus diesem Prinzip sollen die besonderen Bewegungsgesetze abgeleitet werden. Wie Robinet und Diderot huldigt Maupertuis dem Hylozoismus. Er erklärt sich gegen den Materialismus, der alles auf ein Zufallsspiel der Atome zurückführt, gegen den Theismus, der Gott selbst in die Bildung und den Prozeß der Weltelemente eingreifen läßt, und spricht diesen eine Spur von Bewußtsein zu, vermöge deren sie ihre eigene Ordnung bewirken[134]. Die Phänomene der Übertragung, Vererbung und Entwicklung werden als Ausdruck eines der Materie eingepflanzten Erinnerungsvermögens betrachtet.

Newton hatte seinen Blick auf die anorganische Natur gerichtet; sie erwies sich der mechanistischen Auffassungsweise als besonders günstig und es konnte infolgedessen die Frage nicht ausbleiben, wieweit diese Erklärung auch auf die organische Natur Anwendung finden könne und wie überhaupt das Verhältnis beider Reiche zueinander zu denken sei. Schon den leichtbeweglichen Diderot sehen wir sie in den „Pensées" aufwerfen, ohne daß er darauf eine bindende Antwort gäbe. Und dennoch hängt von dieser Beantwortung das einheitliche Gesamtbild ab, das von der Welt — zunächst der materiellen, dann aber übergreifend auch der seelisch-geistigen — gewonnen wird. Der Organismus ist, wenigstens innerhalb unserer Erfahrung, das umschließende Gehäuse, die körperliche Ausprägung des seelischen und geistigen Lebens; wird er als ein Gebilde des anorganischen Stoffes aufgefaßt, dann ist man auf dem besten Wege zum Materialismus; legt man ihn umgekehrt auch dem Anorganischen zugrunde, dann gelangt man zu einem idealistischen Panpsychismus. Georg Louis Leclerc, Graf von **Buffon** (1708—1788), wie sein vollständiger Name lautet, hat sich weder im einen noch im anderen Sinne entschieden, allein er hat eben damit, daß er den Dualismus des Organischen und des Anorganischen strenger als bisher formulierte, den Anstoß zu den Versuchen seiner Überwindung gegeben. Sein Hauptwerk ist die vielgelesene „Histoire naturelle générale et particulière" (Allgemeine und besondere Naturgeschichte), deren erste drei Bände 1749 herauskamen und die schließlich auf 36 Bände anwuchs. Die bisherige Art, die Natur zu sehen, so führt er im ersten Stücke aus, war entweder willkürlich und regellos oder einseitig: es handelt sich jetzt darum, das Ganze ins Auge zu fassen und von ihm aus die Einzelteile zu verstehen. Diese großzügige Betrachtung führt ihn zu einer allgemeinen Theorie des Lebens, wonach dasselbe keine metaphysische Stufe, sondern eine allgemeine physikalische Eigenschaft der Materie ist[135]. Aber eine Eigenschaft sui generis, deutlichst unterschieden von den übrigen Eigenschaften. Er nimmt an, daß es in der Natur unzählig viele organische Teile gibt, organische Moleküle, deren Substanz mit der Substanz der organischen Wesen von einerlei Beschaffenheit ist. Wie zur Hervorbringung eines einzigen sichtbaren Meersalzkörnchens vielleicht Millionen zusammengedrängter Salzkörnchen gehören, so werden zu einem einzigen Fruchtkeim, der einen einzelnen Ulmbaum oder Polypen in sich faßt, Millionen organische, dem Ganzen gleichende Teilchen erfordert. Diese organischen Moleküle sind unzerstörbar. Zur Erklärung der Fortpflanzung und des Wachstums wird ferner der Begriff der inneren Form herangezogen[136]. Der Körper eines Tieres oder einer Pflanze besitzt eine solche innerliche Form von unveränderlicher Art; seine Masse und Größe kann bloß in gehörigem Ebenmaße zunehmen; sein Wachstum geschieht bloß durch Erweiterung dieser Form nach allen Richtungen, diese Erweiterung durch Aufnahme und völlige Einverleibung einer fremden Materie. Die Kraft der Vermehrung ist zugleich die der Ernährung und Entwicklung. Durch die ihm ähnlichen Teile der Nahrungsmittel nährt sich der Organismus, vermöge der innigsten Hineinnahme für ihn tauglicher Teile entwickelt er sich; die in den einzelnen Organen unverbrauchten und in einem gemeinsamen Behälter gesammelten Teile bilden den Stoff eines dem ganzen Organismus ähnlichen in der Fortpflanzung.

Diese Theorie steht gerade in der Mitte zwischen Materialismus und Idealismus. Was sie vom Materialismus trennt, ist die Betonung der Sonderart des Lebens und der es bildenden Elemente. Was sie ihm wiederum nähert, ist die Tatsache, daß hier der höchste Naturprozeß in die kleinsten Teile, also in das Innere der Materie, hineinverlegt ist. Die äußere Mitwirkung einer schöpferischen Allmacht ist ausgeschaltet; die Natur, auch die organische, erscheint als ein in sich abgeschlossenes System. Buffons Werk liegt also jedenfalls in der Linie des Naturalismus, und es hängt von seinen Nachfolgern und Weiterbildnern ab, ob sie jenem ein mehr pantheistisches oder atheistisches Gepräge geben. In die letztere Richtung weist das Werk Lamarcks, das auch die Grundlage für den Darwinismus bereitet hat.

In die entgegengesetzte Richtung weisen die Schriften zweier Denker, die mannigfache Berührung untereinander und mit dem Leibnizschen Ideenkreise aufweisen, Robinets und des französischen Schweizers Bonnet. Jean Battiste Robinet (1735—1820) verdankt seinen Ruhm den Hauptwerken „De la nature" (Über die Natur), Amsterdam 1761, und den „Considérations philosophiques de la gradation naturelle des formes d'être" (Philosophische Betrachtungen über die natürliche Abstufung der Seinsformen), Amsterdam 1767, zumal dem erstgenannten. Es ist das Problem der Theodizee, welches das 18. Jahrhundert so vielfach beschäftigt, das vom Ursprunge des Übels, von dem Robinet den Ausgang nimmt und an dem er den größten Teil seiner Betrachtungen orientiert. Es gibt nach seiner Lehre ein absolutes Gleichgewicht von Gut und Böse im Weltganzen. Jedes Wachstum auf der einen bedingt eine Verringerung auf der anderen Seite. Robinet sucht die Gültigkeit dieses in echt naturalistischer Weise dem Satz von der Erhaltung der Kraft entnommenen Prinzips auch an einer langen Reihe von Beispielen aus der seelisch-geistigen und sittlichen Erfahrung zu erweisen[137]. Es herrscht im Weltall ein Prinzip des Ausgleichs, das den Menschen über alles ihm widerfahrende Ungemach beruhigen muß. Die Einheit dieses Prozesses weist auf eine noch tiefere Grundeinheit alles Seins hin. Wie zwischen Menschen, Tieren und Pflanzen bloß ein Unterschied des Grades ist, so besteht auch die vermeintliche Schranke zwischen Organischem und Anorganischem in Wirklichkeit gar nicht. Auch im Steine ist eine Spur von Empfindung, und Robinet begnügt sich nicht damit, diese Theorie der Allbeseelung einfach aufzustellen, er sucht auch die wichtigsten Lebensvorgänge, Geburt, Wachstum, Vermehrung, im Reiche der unorganischen Materie aufzuweisen, wobei er mit Analogien arbeitet, wie sich ihrer in neuerer Zeit insbesondere Fechner bedient hat. Dieser Panpsychismus führt ihn noch einen entscheidenden Schritt weiter, zur Überwindung der Zwei-Substanzenlehre. Nicht bloß ist Materie immer mit Bewußtsein verbunden, es ist auch ein einheitlicher Ursprung beider, den wir freilich nicht bestimmen können, der sich indessen vor allem darin kundgibt, daß ein Umsatz aus der einen in die andere Sphäre besteht. Je niedriger der Organismus, um so mehr äußert sich diese uns unbekannte Grundkraft im Physischen, je höher, um so mehr greift sie ins Seelisch-Geistige über. Es ist klar, daß nach dieser Auffassung das Weltganze ein in sich geschlossenes System bildet, das nirgends über sich hinausweist. In Übereinstimmung mit so vielen seiner Zeitgenossen erklärt sich Robinet nicht gegen den Theismus; er erweist dem Gottesbegriff sogar scheinbar demütige Reverenz, indem er ihn in eine über alle Beziehungen zur Welt erhabene Höhe entrückt; er wird nicht müde zu zeigen, daß wir auf ihn keinen der uns zu Gebote stehenden Maßstäbe anwenden dürfen[138]; damit gräbt er ihm freilich den Boden aller Geltung und Anwendbarkeit ab; und was verbleibt, ist klärlicherweise ein pantheistischer Naturalismus, in dem Spinozistische und Leibnizsche Elemente mit Condillacs Erkenntnislehre zu einer originellen Synthese verknüpft sind.

An letzter Stelle sei noch Charles Bonnets (1720 bis 1793) gedacht, der, ähnlich wie Robinet, ja deutlicher noch als er, in der Mitte zwischen Condillac und Leibniz steht. Mit Condillac verbindet ihn nicht bloß der Sensualismus, sondern auch die Methode, durch die er denselben in seiner Schrift „Essai analytique sur les facultés de l'âme" (Analytischer Versuch über die Seelenkräfte), Genf, 1759, also wenige Jahre nach dem Erscheinen des „Traité des sensations" zu begründen trachtet. Auch er bedient sich der Fiktion einer Statue, die der Reihe nach der verschiedenen Empfindungen inne wird. Es ist aber in der Seele eine ihr eigene Tätigkeit und Freiheit, die sich freilich bloß in ihrer Reaktion auf die Sinneseindrücke äußert. Spontaneität und Rezeptivität sind also in ihr eines. Nach Aufhören des Reizes des ersten Eindruckes entsteht die Begierde und damit die Aufmerksamkeit; der zweite Eindruck, der auf die Statue ausgeübt wird, findet schon eine andere Seelenverfassung als der erste[139]. Durch die Aufeinanderfolge der Eindrücke gelangt sie zur Unterscheidung, zum Bewußtsein und Denken. Die Seele ist eine Kraft, die der Körper in Wirksamkeit setzt. Das Ich erscheint zunächst als Summe der Empfindungen, allein es ist mehr als diese Summe, nämlich dasjenige, was sie erst zusammenfaßt und eben damit über ihr steht[140]. So erhebt sich Bonnet über Condillacs passiven Sensualismus in der Richtung auf eine spirituelle Aktivität; ähnlich, wie sich Leibniz in seinen „Nouveaux essays" über Locke erhoben hatte. Dies kommt noch deutlicher in seinen anderen Schriften, namentlich in der „Contemplation de la nature" (Betrachtung der Natur) und in den „Palingénesies philosophiques", Genf, 1769, zum Ausdruck. Er hält hier nicht bloß an der Unsterblichkeit der Seele fest, sondern auch an der Auferstehung des Körpers; zu diesem Behufe nimmt er einen ätherischen Leib an, dessen Keim, im sinnlichen Körper eingeschlossen, sich nach dessen Zerfall einen neuen, verklärten, geistigen Leib aufbaue. Hier geht die Metaphysik fast unmittelbar in okkulte Spekulationen über, die auf einen Teil der Zeitgenossen — weniger in Frankreich als in Deutschland — ihre Wirkung zu üben nicht verfehlt haben.

DER MATERIALISMUS

Es war einer der gröbsten Verstöße, die sich Ludwig Büchner, der bekannte Verfasser von „Kraft und Stoff", mit der Behauptung zuschulden kommen ließ, der Materialismus des 19. Jahrhunderts sei eine wissenschaftliche Entdeckung, während der früherer Zeiten eine unbewiesene metaphysische Behauptung gewesen sei. Friedrich Albert Lange hat das große Verdienst, in seiner „Geschichte des Materialismus" den Nachweis des Gegenteils so erschöpfend erbracht zu haben, daß sich füglich jede weitere Kontroverse erledigt. Von Demokrit bis zu Epikur und Lukrez, von diesen bis zu Gassendi und Hobbes und weiter bis zu Lamettrie, Holbach, schließlich bis zu Feuerbach und Büchner selbst besteht eine geschlossene Kette von Traditionen.

Es sind hier bloß die strengeren Vertreter des Materialismus genannt worden: wir haben indessen gesehen, daß es auch an Nebenströmungen nicht mangelte, wie denn insbesondere der Zerfall des Kartesischen Dualismus solchen den Boden bereitete. So hat Locke, so wenig er sich zum reinen Materialismus bekannte, doch seiner Entfaltung damit einigen Raum gegeben, daß er die Notwendigkeit einer geistigen Substanz als selbständiger Trägerin des geistigen Lebens anzweifelte; ein Gedankengang, worin wir ihm Voltaire Gefolgschaft leisten sehen. Im allgemeinen bleibt die Haltung der französischen Aufklärung eine skeptische. Indem sie sich aber in der überwiegenden Mehrzahl ihrer Vertreter gegen die Setzung einer substanziellen Geistwesenheit ablehnend verhält, hat sie dem Materialismus — willentlich oder unwillkürlich — Vorschub geleistet. In ihrem Endpunkte führt die Linie, die vom Theismus ausgeht, über Deismus, Pantheismus und Naturalismus zu ihm hin.

Er stellt sich uns in drei hauptsächlichen Gestalten dar, mit denen wir uns nunmehr beschäftigen wollen: in Lamettrie als anthropologischer, in Helvetius als ethischer, im „Système de la nature" als systematischer, erkenntnistheoretisch und metaphysisch begründeter Materialismus.

1. Der anthropologische Materialismus

Sein Vertreter ist also Lamettrie, eine sehr charakteristische Erscheinung des 18. Jahrhunderts, der man geraume Zeit nicht gerecht geworden ist. Man hat ihn, um seiner Ansichten und der Form willen, in der sie von ihm geäußert wurden, maßlos verketzert, seine Bedeutung in jeder Weise zu verkleinern gesucht. Erst Friedrich Albert Lange hat in dem bereits genannten Werk eine Ehrenrettung des Vielgeschmähten unternommen, den er nicht mit Unrecht den „Prügelknaben des Materialismus" nennt. Wahrscheinlich ist er in diesem an sich löblichen Beginnen wieder zu weit gegangen; so, wenn er ihn in moralischer Hinsicht nicht bloß über Voltaire, sondern auch über Rousseau stellt. Richtig ist, daß ein großer Teil der gegen ihn erhobenen Beschuldigungen aus der Luft gegriffen ist, daß er kein frecher Ignorant und Abschreiber war; ersteres nicht, weil er nachweisbar gründliche Studien in der Medizin, in der physiologischen Psychologie und in der Philosophie unternahm; letzteres schon deswegen nicht, weil seine Lebenszeit ja in die erste Hälfte des 18. Jahrhunderts fällt, seine Werke also einer früheren Periode angehören als die der meisten Philosophen der französischen Aufklärung [141]. Man wird kaum daneben greifen, wenn man im Gegenteil eine weitgehende Beeinflussung der späteren durch ihn annimmt. Sie haben die von ihm gegebenen Anregungen benützt, ohne ihn zu nennen; und wenn er genannt wurde, so geschah es in feindlicher Absicht. Denn die Ausbeute an selbständigen und guten Gedanken, die man bei ihm vorfindet, ist keine geringe, wenn sie auch den Problemen niemals auf den Grund gehen und nicht selten in eine leichtfertige und liederliche Form gekleidet sind. Manche Motive Diderots, Robinets, Büffons, insbesondere der Materialisten, sind bei ihm vorweggenommen. Dem seichten und selbstgefälligen Helvetius ist er bei weitem überlegen; auch neben Holbach kann er sich sehen lassen. Er hat vor der Mehrzahl die größere Offenheit und Konsequenz voraus, die man ihm als Zynismus gebucht hat.

Julien Offray de la Mettrie, in der Regel Lamettrie geschrieben, ist am 25. Dezember 1709 zu St. Malo als

Sohn eines Kaufmanns zur Welt gekommen. Er war erst zum Geistlichen bestimmt, studierte bei den Jansenisten mit Erfolg, wendete sich dann aber der Medizin zu und wurde ein Schüler des berühmten Boerhaave an der Leidener Universität. Er übersetzte auch einige Schriften des Meisters, dessen Methoden er in Theorie und Praxis Eingang zu schaffen suchte. Später machte er als Militärarzt einen Feldzug in Deutschland mit, in dessen Verlauf er seine „Histoire naturelle de l'âme" (Naturgeschichte der Seele) 1745 verfaßte, wo er zum ersten Male seine materialistische Theorie vorträgt. Anlaß war die Beobachtung des Einflusses der Blutwallung auf das Denken, die er bei einem akuten Fieber, von dem er befallen wurde, machte. Er wurde nun von seinem Posten entfernt und mußte in weiterer Folge sogar nach Holland entweichen. Im Jahre 1748 erschien seine berühmteste und berüchtigtste Schrift: „L'homme machine" (Der Mensch als Maschine). Auch in Holland wurde ihm der Aufenthalt unmöglich und er begab sich nach Berlin, an den Hof Friedrichs des Großen, dessen Vorleser er wurde; er erhielt auch eine Stelle an der Akademie und praktizierte wieder. Er erfreute sich dieser Gunst der Verhältnisse indessen nicht allzulange, denn im Jahre 1751 starb er an einem jähen Leiden, dessen Ursachen nicht völlig aufgeklärt sind. Es heißt, er habe es sich durch Unmäßigkeit während eines Festmahles zugezogen und sei unter heftigen Delirien aus dem Leben geschieden. Bedauerlich ist, daß hierdurch rohem Aberglauben und gehässiger Entstellung Vorschub geleistet wurde, die das Andenken des Mannes ungebührlich verdunkelten. Man halte dagegen Friedrichs des Großen Nachruf an ihn.

Schon in seiner ersten Schrift „Histoire naturelle de l'âme" (auch „Traité de l'âme" betitelt) trachtet er, dem Materialismus den Weg zu bereiten. Dabei bewegt er sich, wohl mit Vorbedacht, noch in den Spuren der scholastischen Ausdrucksweise, die doch durch Descartes und besonders durch Locke schon überwunden worden war. Er nimmt seinen Ausgang vom Dualismus des Stoffes und der Form. Die Seele wird in scheinbarer Übereinstimmung mit dem alten und dem mittelalterlichen Aristotelismus als aktives Prinzip des Körpers bezeichnet; eine Übereinstimmung, hinter der sich freilich ein um so schrofferer Gegensatz versteckt. Denn für Aristoteles und die Scholastik bedeutet Form etwas anderes als für Lamettrie und das moderne Denken. Sie ist jenen eine geistige Macht (ἰδέα — εἶδος — ἐντελέχεια), die sich zwar am Stoffe auswirkt, ihn aber u n t e r sich hat. In diesem Formbegriff ist eben der ungebrochene Platonisch-Aristotelische Spiritualismus wirksam. Der moderne Formbegriff entgeistigt sich mehr und mehr, er sinkt zum Zubehör, zur Akzidenz des Stoffes herunter; auch wo er, wie bei Kant, letzterem übergeordnet wird. So ist es Lamettrie ein Leichtes, zu zeigen, daß diese angeblich aktive Seelenform den Stoff doch durchaus zur Voraussetzung hat, an ihn gebunden ist, ja als F o r m nichts ist als eine Eigenschaft desselben. Man kann diesen nicht ohne Feinheit durchgeführten Gedankengang Lamettries geradezu als Schnittlinie des alten und des neuen Formbegriffes bezeichnen; und weiter wird man sagen können, daß er sich dieses Begriffes und seines Bedeutungswandels eben zu dem Zwecke bedient, um ihn sacht vom Spiritualismus zum Materialismus hinüberzuleiten.

Wenn wir die wichtigsten Einzelheiten seiner Ausführungen betrachten, so müssen wir feststellen, daß er seinem Materialismus hier noch nicht die letzte Spitze gegeben hat. Die Unterscheidung zwischen der passiven Materie und dem aktiven Bewegungsprinzip ist ein spiritualistischer Rest, dem auch skeptische Motive beigemengt sind.

Die S u b s t a n z der Dinge ist uns u n b e k a n n t. Was wir von ihr erkennen, sind bloß ihre sinnlichen Äußerungen [142]. Wir haben allerdings keinen Grund, diese Grenze unsres Erkenntnisvermögens zu bedauern, da sie uns weder an unserem Glück noch an unserer Tugend hinderlich ist [143]. Wenn wir nun auch die materielle Substanz nicht an sich selbst zu erforschen vermögen, so haben wir doch in ihren Äußerungen und Eigenschaften eine Gewähr ihrer Existenz, wogegen keine dieser Äußerungen und Eigenschaften uns einen Anlaß bietet, dahinter eine Seelensubstanz zu suchen [144]. Daß wir sie nicht unmittelbar kennen, wäre noch kein zwingendes Argument gegen sie; denn gleiches gilt auch für unser Verhältnis zur Materie, die nichtsdestoweniger als bestehend angenommen, ja sogar dieser ganzen Welterklärung zugrunde gelegt wird. Allein die Materie erfassen wir doch mittelbar, nämlich durch Z e i c h e n, während kein empirisches Zeichen für die Annahme einer spirituellen Substanz spricht. Die Vertreter der letzteren weisen in der Regel auf Empfinden und Denken, Begehren und Wollen, also auf die seelisch-geistigen Zustände und Vorgänge hin. Aber die Empfindung, unter welchem Sammelnamen all diese Zustände und Vorgänge befaßt werden, ist nach Lamettrie wie nach den übrigen Materialisten als Eigenschaft der Materie zu betrachten, weil wir sie nirgends sonst als an ihr vorfinden. Beruft man sich hingegen auf die Unmöglichkeit, aus der Materie die Empfindung herzuleiten, so sei dies einzuräumen; allein es bedeute kein wirkliches Gegenargument. Denn auch die anderen Eigenschaften der Materie, Ausdehnung und Bewegung, können nicht aus ihr erklärt werden, und zwar einfach deshalb, weil wir eben dasjenige nicht kennen, woraus sie erklärt werden sollen: die materielle Substanz. Auch sind diese Eigenschaften nicht a u s e i n a n d e r zu erklären. So läßt sich aus der Ausdehnung nicht die Bewegung herleiten, die Empfindung weder aus der Ausdehnung noch aus der Bewegung. Lamettrie hat also, wenigstens an dieser Stelle, nicht wie so manche extreme Materialisten die Empfindung als eine Bewegung kleiner Teile betrachtet, aber er hat auch freilich nicht wie die Kartesianer Empfinden und Denken in einen dualistischen Gegensatz zur Bewegung gestellt, sondern er hat, hierin ganz in den Fußspuren Lockes verharrend, die Empfindung als eine Eigenschaft derselben unbekannten Substanz angesehen, deren andere uns wahrnehmbare Haupteigenschaften Ausdehnung und Bewegung sind.

Ungeformte Materie ist kein Gegenstand unserer Erfahrung. Das primäre Vermögen der Materie ist also das, verschiedene Formen zu empfangen, oder das der Gestaltbarkeit, durch das weiter erst die Vermögen der Bewegung und der Empfindung bedingt erscheinen[145]. Lamettrie übernimmt von der älteren Logik sogar den Begriff der substanziellen Form als derjenigen, ohne die Materie nicht gedacht werden kann, und die darum auch allen ihren Eigenschaften zugrunde liegt. Und weiter baut er ganz im Aristotelischen Sinne die drei Stockwerke der v e g e t a t i v e n, der s e n s i t i v e n, der v e r n ü n f t i g e n Seele übereinander auf. Hier werden denn auch die einzelnen Seelenvermögen der Reihe nach entwickelt: Gedächtnis, Einbildungskraft, Trieb, Affekte. Sie alle hängen mit einer häufigen Wiederholung derselben Bewegungen zusammen[146]. Nicht bloß die Wiederholung, sondern auch die Intensität des Reizes ist entscheidend für die Klarheit der Vorstellung. Eben diese ihre absolute Abhängigkeit von den körperlichen Organen bringt es mit sich, daß sie kein getreues Abbild der Körperwelt vermittelt. Man darf deswegen aber nicht behaupten, daß die Sinne uns täuschen. Ihre Bedeutung ist vor allem eine biologische der Selbsterhaltung. In Übereinstimmung mit Descartes behauptet hier auch Lamettrie, daß bloß unser Urteil uns täuscht, wenn es auf Grund unzureichender Inhalte gefällt wird[147]. Wenn nun einerseits die Erklärung all der genannten Seelenvermögen eine rein mechanische ist, so geht Lamettrie andererseits darauf aus, den Einfluß des bewußten Seelenlebens nach Möglichkeit einzuschränken. Und zwar schränkt er ihn durch die Herrschaft der Instinkte ein. Diese arbeiten nach seiner Ansicht völlig außerhalb des Bewußtseins. Beweis: das Bewußtsein kann sich in einem bestimmten Zeitpunkte bloß auf einen Inhalt konzentrieren, während die verschiedenen Instinkte unablässig zugleich für unser Wohlergehen arbeiten. Als Psychologe und Erkenntnistheoretiker bekennt sich Lamettrie naturgemäß zum Sensualismus. Es würde ermüden, hier alle Einzelheiten seiner Seelenlehre zusammenzutragen, da sie ja Gemeingut der sensualistischen Auffassung sind. Vom Willen können wir nicht mehr behaupten, als daß er jener Zustand in uns ist, durch den wir angenehme Empfindungsinhalte erstreben, unangenehme fliehen. Wir sind jedoch nicht in der Lage, eine Entscheidung darüber abzugeben, ob der Wille eine erzeugende oder bloß eine Gelegenheitsursache ist[148].

Es versteht sich von selbst, daß Lamettrie aus solchen Voraussetzungen nicht die Neigung verspüren kann, den höheren Seelenfunktionen, der Aufmerksamkeit und Reflexion, der Begriffsbildung und Urteilskraft, eine große selbständige Bedeutung einzuräumen. Auch sie werden, wie dies, freilich viel gründlicher, später bei Condillac geschieht, auf den Akt des Empfindens zurückgeführt. Insbesondere ist hier in der Lehre vom Urteil[149] vorweggenommen, daß der Grund des Irrtums lediglich in der mangelnden Klarheit der Begriffe, ihrer ungenügenden Auflösung in die Elemente ihrer Bildung zu suchen ist. Schließlich unterwirft sich Lamettrie zum Schein dem Offenbarungsglauben, doch bloß um zu zeigen, daß wir von einer unvergänglichen Seelensubstanz nicht die geringste Vorstellung haben und daß ihr gegenüber Voltaires Satz zu Recht besteht: „Ich bin Körper und ich denke[150]."

Woher aber weiß man, daß es eine materielle Substanz gibt und daß es im Grunde nichts gibt als sie, wenn sie uns gänzlich unbekannt ist? Warum dann die schroffe Ablehnung der geistigen Substanz, der man schließlich auch nichts anderes vorwerfen kann, als daß sie uns eben unbekannt ist? Weil, so meint Lamettrie, die materielle Substanz aus ihren Äußerungen, Ausdehnung, Bewegung und Empfindung bekannt ist. Aber Empfindung wird von den Spiritualisten doch eben als Grundäußerung der geistigen Substanz bezeichnet. Nein, sagen uns die Materialisten, wir vermögen sie von der Materie nicht zu isolieren, weil wir sie bloß in diesem Zusammenhang vorfinden. Und zwar ist es eine ganz bestimmt g e f o r m t e, nämlich die organische Materie, die mit Empfindung begabt ist. Daraus zu folgern, daß allein sie, nicht auch die anorganische Masse empfinde, hält Lamettrie aber für unzulässig[151]. Der hylozoistische Standpunkt, der ja auch innerhalb der französischen Aufklärung von Robinet und Diderot vertreten wurde, enthält keinen Widerspruch. Und zwar deswegen nicht, weil wir über das Verhältnis von Materie und Empfindung überhaupt keine bestimmte Aussage abgeben können.

Lamettrie sieht sich daher veranlaßt, diesem Verhältnisse nachzugehen, und zwar dort, wo es sich uns am unmittelbarsten darbietet, an dem menschlichen Organismus. Dies unternimmt er in seiner bekanntesten Schrift, die den herausfordernden Titel führt: „L'homme machine" („Der Mensch eine Maschine"). Die Schrift ist viel weniger systematisch als die erstgenannte; anstatt feiner Zergliederungen von Begriffen grobschlächtige Zusammenschlichtung von allerhand Tatsachen, die insgesamt den durchgreifenden Einfluß des Körpers auf das Seelenleben bekräftigen sollen. Die einzig berechtigte Philosophie, heißt es demgemäß, ist jene, die auf der Medizin und nicht auf der Theologie beruht. So rechtfertigt dieser Gesichtspunkt den Titel eines a n t h r o p o l o g i s c h e n Materialismus, der von uns der Weltbetrachtung Lamettries verliehen wurde. Die Wirkung der Umwelt, des Klimas, der Ernährung wird nachdrücklich betont. Der Mensch ist vom Tier durchaus nicht so getrennt, wie seine Eitelkeit ihm vortäuscht, die Grenzen sind in Wahrheit fließende. Was der Mensch vor dem Tier voraus hat, ist die größere Masse des Gehirns und dessen feinere Organisation. Der Übergang vom Tier zum Menschen ist demgemäß kein Sprung, er vollzieht sich ganz allmählich. Denn was war der Mensch vor Erfindung der Sprache anderes als ein Tier, von den anderen Gattungen durch eine bessere Anlage des Verstandes, dafür aber auch durch den Mangel natürlichen Instinktes verschieden? Die artikulierten Laute, die Sprache, Gesetze, Wissenschaften und Künste kamen auf. Man kann sich hier freilich nicht des Einwandes enthalten, daß doch die Entstehung der Kultur selber nicht etwas so Zufälliges, sondern eben in der Grundverschiedenheit des Menschen vom Tiere bedingt ist. Lamettrie ist anderer Ansicht. Er meint, in naiver Überschätzung der pantomimischen Ausdrucksmittel der Tiere und ebensolcher Unterschätzung der Logizität des Wortes, den Tieren könnte bei anhaltender Übung die Sprache und mit ihr die Grundlage der Kultur vermittelt werden. Zu derartigen Absurditäten gelangt Lamettrie, weil ihm das begriffliche Denken kein Problem geworden ist; die seelische Hauptkraft erblickt er in der Imagination, die er schwungvoll verherrlicht. Ohne sie gibt es weder Kunst noch Philosophie noch — Erotik.

Erkenntnis ist wesentlich Auffindung von B e z i e h u n g e n. Hierfür bedarf es außer der Imagination noch der Aufmerksamkeit. Die intellektuellen und moralischen Fähigkeiten bedürfen der richtigen Schulung. Sinnlicher Egoismus ist nicht das Ziel, sondern Glück. Durch Zügellosigkeit wird der Genuß zerstört, anstatt daß jener Dauerzustand herbeigeführt werde, der das G l ü c k ist, in dessen Natur es auch gelegen ist, daß wir es anderen m i t t e i l e n. Wem es an dieser Tugend der Humanität und des Mitgefühls mangelt, der ist schon durch den Mangel am bittersten bestraft. Diese begeisterte Lobpreisung des Guten, das seinen Lohn in sich selber findet, geht — was bei Lamettries leichtbeweglichem Naturell nicht weiter verwunderlich — über die Grenzen seines Hedonismus hinaus. Dagegen verträgt es sich mit diesem, wenn er meint, daß wir unseren Hang zur Spekulation und Gelehrsamkeit vielleicht einem Mißbrauch unserer angeborenen Anlagen verdanken. Das sieht Rousseaus Gedanken ähnlich, aber diese Ähnlichkeit erstreckt sich bei der Grundverschiedenheit beider Lebensrichtungen und Denkweisen bloß auf die Oberfläche. Der Mensch ist eine Maschine, eine empfindende und denkende Maschine. Was in ihm denkt, ist das Gehirn. Das Prinzip selbständiger Bewegung, als das seit Aristoteles die Seele bezeichnet zu werden pflegt, ist im Körper, und zwar in jedem einzelnen Organ zu suchen. Durch eine Reihe physiologischer Beispiele sucht Lamettrie die selbständige Reagibilität der verschiedenen Teile des Körpers zu erhärten. So soll der Satz, daß die Materie Bewegung und Empfindung unmittelbar in sich trägt, an dem menschlichen Organismus und seinem Verhalten die deutlichste Bestätigung gewinnen. Es ist klar, daß innerhalb dieses Weltbegriffes, der die Selbständigkeit des Seelisch-Geistigen ausschließt, kein Raum ist für die Setzung der Gottheit. Gleichwohl räumt Lamettrie dem Argument der Zweckmäßigkeit, dem physiko-theologischen, einige Wahrscheinlichkeit ein, allein er gibt seinem Gedanken eine eigentümliche Wendung, die der Voltaires oder Kants gerade entgegengesetzt ist. Diese Philosophen stimmen darin überein, daß Gottes Dasein, wenn es auch theoretisch nicht erwiesen werden kann, doch eine praktische, ethische Forderung bedeutet. Umgekehrt erklärt sich Lamettrie aus dem letzteren Gesichtspunkte gegen Gott: weil aus dem Glauben an ihn und den dadurch bedingten Kämpfen und Verfolgungen die größte Summe der Leiden für die Menschheit hervorgegangen sei. Der Atheismus sei also Voraussetzung der menschlichen Wohlfahrt[152].

Auch theoretische Gründe sprechen für den Atheismus. Da die Natur alles in sich trägt und aus sich hervorbringt, da sie von Ewigkeit durch sich selbst existiert, wozu bedarf es dann einer Gottheit[153]? Als Schöpfer der Materie kann sie nicht gedacht werden, somit höchstens als ihr Ordner. Wir haben gesehen, daß „L'homme machine" die Frage offen läßt. Indessen ist Lamettrie im Besitze einiger Erklärungsprinzipien, die ihm die Teleologie entbehrlich zu machen scheinen. Zumal in seiner interessanten und gehaltreichen Schrift „Système d'Epicure", die vielleicht das Beste ist, was er geschrieben, findet man sie zusammengestellt. Das erste Prinzip ist das der Ökonomie, das auch von Maupertuis vertreten wird und neuerdings wieder, zumal durch Mach und Avenarius, zu erhöhtem erkenntnistheoretischen Ansehen gelangte[154]. Das zweite Prinzip ist das der **Erhaltung des Tauglicheren**[155]; wir sehen also, daß das Selektionsprinzip, der Grundgedanke des Darwinismus, der freilich schon seit Empedokles in der Metaphysik spukt, auch hier vorweggenommen ist. Die Natur experimentiert gleichsam; sie vergreift sich nicht selten an ihrem Objekt, bis es ihr wirklich gelingt. Freilich handelt es sich um ein blindes Experimentieren; sonst könnte einen dies Bild dazu verleiten, der Natur Zwecke zu unterlegen, die ihr fremd sind. Denn sie hat, wie Lamettrie selbst meint, bei der Hervorbringung des Auges so wenig an den Zweck des Sehens gedacht, wie sie mit der des Wassers die Absicht verbunden hat, daß wir in ihm unser Angesicht bespiegeln[156]. Die Deszendenzlehre ist hier trotzdem noch nicht angebahnt, obwohl doch Lamettrie im Besitze sämtlicher Voraussetzungen für sie wäre. In naiver Weise spielt er mit der Annahme, der Mensch entstamme der Erde und sei von Tieren aufgezogen worden. Wie wir keine Zwecke in die Natur hineindeuten sollen, so dürfen wir auch den Gesichtspunkt der **Einheitlichkeit** nicht allzu sehr übertreiben und der Versuchung des Vergleiches und der Analogie nicht kritiklos nachgeben[157].

Am heftigsten ist Lamettries Abhandlung „La volupté" (Die Wollust) angegriffen worden. Sogar Lange, der sich seine Ehrenrettung zur Aufgabe macht, und diejenigen, die unter seinem Einfluß die Schärfe der Kritik wenigstens gedämpft haben, können ihm diese Schrift und die verwandte über die Kunst des Genießens, „L'art de jouir", nicht verzeihen. Es ist natürlich nicht zu leugnen, daß diese Abwehr keineswegs unbegründet ist; denn hier ist die Sinnenlust in geradezu aufdringlicher Weise aufs Programm gesetzt, und das muß, wie mit Recht bemerkt wurde, stets abgeschmackt und gekünstelt wirken; die Pedanterie des Genusses gerät noch leichter ins Lächerliche als die der Pflicht. Dennoch sind Lamettries letztgenannte Schriften mit dieser Kritik noch nicht abgetan, und den Vorwurf der Frechheit haben sich auch andere, viel größere Geister gefallen lassen müssen. Wie ich glaube, muß man die Offenheit anerkennen, mit der sich Lamettrie zu seiner Lebensauffassung bekennt, mag diese Offenheit auch etwas Forciertes und Herausforderndes haben. Er hat aber niemals die gemeine, tierische Lust verherrlicht; er war überzeugt davon, daß die Sinnenlust der Veredlung fähig ist; nur muß sie ebensowohl vom bloßen Vergnügen, dem *plaisir*, als von Ausschweifung, der *débauche*, unterschieden werden. Die wahre Lust schränkt sich nicht auf die Sinne ein, sie bedarf der Imagination und des Geistes. Es ist nicht bloßer Zynismus, wenn Lamettrie, ähnlich wie nach ihm Diderot, den sinnlichen Genuß gerade im Erotischen verherrlicht. Hier nämlich glaubt er, das Geheimnis der Sinnlichkeit, durch intensivste Entfaltung über sich hinaus, ins Geistige zu wachsen, unmittelbar zu erleben.

Er hat schließlich auch einen „Discours sur le bonheur" (Abhandlung über das Glück) mit dem bezeichnenden Untertitel „L'Anti-Sénèque" verfaßt, einen Protest gegen die Stoische Moral der Indifferenz. Es liegt in unserer Natur, für Lust und Schmerz empfänglich zu sein und wir dürfen sie nicht verleugnen. W a h r h a f t i g k e i t, klares Bewußtsein der Wirklichkeit ist zum Glücke nicht erfordert. Die I l l u s i o n ist erlaubt, wenn sie zum Wohlergehen beiträgt. Ja, es ist eine raffinierte Steigerung dieses Gedankens, wenn Lamettrie meint, daß wir uns sogar der Vernunft bedienen müssen, um gegebenenfalls den Effekt der Illusion in uns zu erhöhen. Hierin weicht Lamettrie sehr von den meisten Aufklärern ab, die, vielleicht mit teilweiser Ausnahme Galianis, den Wert der Wahrheit über alles gestellt haben. Dafür scheint er Nietzsche vorzubereiten; aber es besteht der grundsätzliche Unterschied, daß Nietzsche den Irrtum und Schein nicht als ein Mittel, die Lust, sondern die K r a f t zu steigern, rechtfertigte. Und schließlich blieb Lamettrie unschöpferisch, weil er in der Empfindung hängen blieb und nicht einmal zur Leidenschaft durchdrang. Er konnte anregen, aber lebendige Wirkungen gingen nicht von ihm aus.

2. Der ethische Materialismus

Wenn Helvetius hier als Repräsentant des ethischen Materialismus angeführt wird, so geschieht es nicht, weil er auf eine Sonderstellung Anspruch erheben könnte. Die Bedeutung seiner Schriften ist eine durchaus beschränkte; schon den philosophischen Zeitgenossen standen sie nicht allzu hoch im Werte. Es geschieht vielmehr, weil die Grundmotive einer wesentlich materialistischen Moraltheorie sonst nirgends so übersichtlich zusammengefaßt erscheinen

wie in ihnen. Was wir in den Werken der anderen an
ähnlichen Gedanken zerstreut und zumeist zusammenhanglos
vorgebracht finden, das erscheint hier an einem Ort vereinigt.
Helvetius hat es unternommen, sie zu systematisieren. Sein
System ist freilich, wie das darin Befaßte, dürr und dürftig.
Nimmt man hinzu, daß seine Bücher in selbstgefälliger
Breite abgefaßt sind, sich um eine geringe Anzahl von Leitmotiven mit endlosen Wiederholungen bewegen, auch zumeist Strenge der Beweisführung vermissen lassen und dazu
mit Beispielen und Belegen überlastet sind, die mit großen
Ansprüchen vorgebracht werden, denen in der Regel aber
jede Bildlichkeit und Kraft des Ausdruckes abgeht, so ist
der Genuß, den man bei dieser Lektüre empfängt, einigermaßen fragwürdig. Helvetius ist eben ein Beweis dafür,
daß keineswegs immer der absolute Wert einer Leistung
über das Maß ihrer Wirkung — und zwar nicht bloß der
Augenblickswirkung — entscheidet. Er wäre längst der Vergessenheit anheimgeraten, wenn die Zeit nicht der Aufnahme
seiner Ideen, die eben ganz den Stempel dieser Zeit tragen,
so günstig gewesen wäre. Und aus keinem anderen Grunde
müssen wir seiner hier Erwähnung tun, ihm sogar ein
eigenes Kapitel einräumen.

Claude Adrien H e l v e t i u s wurde im Jahre 1715 in Paris
als Sprößling einer ehedem in den Niederlanden ansässigen
Familie geboren. Die Talente, die er in der Schule ent-
wickelte, scheinen nicht mehr als mittelmäßig gewesen zu
sein; der Ehrgeiz war eine seiner ausgeprägtesten Eigenschaften. Wenn er in ihm den Ursprung und die Triebfeder aller geistigen Fähigkeiten zu entdecken vermeinte, so
hat er diese Theorie offenbar aus der eigenen Erfahrung
geschöpft. Freilich erscheint ihr Wahrheitsgehalt auch am
deutlichsten durch das Maß seines Könnens begrenzt. Be-
zeichnend für ihn ist die Anekdote, daß er durch eine Be-
gegnung mit dem berühmten Maupertuis, den er trotz seines
wenig einladenden Äußern von einer Gruppe anziehender
Frauen umringt sah, einen entscheidenden Eindruck für die
weitere Gestaltung seines Lebens empfangen habe. Die
Aussicht auf Erfolg und Ruhm bestimmte die Richtung
seiner Interessen. In jugendlichem Alter erhielt er durch
die königliche Protektion den einträglichen Posten eines
Generalpächters, den er in durchaus ehrenwerter, die Rechte
der Schwächeren schonender Weise verwaltet haben soll;

wie ihm überhaupt Freigebigkeit und ein wohltätiger Sinn nachgerühmt werden. Im Jahre 1751 trat er in den Ehestand und zog sich auf das Land und ins Privatleben zurück, um sich ganz der Ausführung seiner literarischen Pläne zu widmen. Hatte er schon früher in recht mittelmäßigen Versen, die den Beifall Voltaires fanden, das Glück besungen: „Le bonheur", so verfaßte er jetzt sein umfangreiches Werk über den Geist, „De l'esprit", in dem er die gesamte Moral auf das persönliche Interesse des Menschen zu gründen unternahm. Die Veröffentlichung des Buches im Jahre 1758 entfesselte von seiten der Theologie und der offiziellen Gelehrtenwelt einen Sturm der Entrüstung gegen seinen Verfasser. Jesuiten, Jansenisten und Molinisten wetteiferten in haßerfüllten Angriffen, die denn auch zur Folge hatten, daß Helvetius zu einem formellen Widerruf gebracht wurde. Auch die Sorbonne verwarf die Grundthesen der Schrift als ketzerisch. Wie in der Mehrzahl der Fälle trug diese Haltung aber bloß zu ihrem Erfolge bei; sie wurde durch ganz Europa verbreitet und erfuhr viele Auflagen und Übersetzungen. Das Ziel seines Ehrgeizes war erreicht, freilich auf Kosten seiner privaten Ruhe. Helvetius hat denn auch kein philosophisches Werk mehr veröffentlicht. Die Schrift „De l'homme" ist posthum erschienen. Er hat noch zwei größere Reisen nach England und Deutschland unternommen, wo er bei Friedrich dem Großen freundliche Aufnahme fand. Im Jahre 1771 starb er auf seinem Landgut. Mit der Pariser Gesellschaft war er in stetiger Fühlung geblieben. Zumal dem Kreise der Enzyklopädisten und der Materialisten stand er nahe.

In dem philosophischen Poem „Le bonheur" durchwandert Helvetius die verschiedenen Möglichkeiten des Glückes. Dem Sinnengenuß folgt Ernüchterung und Übersättigung, der Befriedigung des Ehrgeizes gesellt sich die Furcht als ihr Schatten, auch der Besitz von Reichtümern ist bloß als ein Mittel von Wert, wahre Güter dafür einzutauschen, setzt somit die Kenntnis dieser Güter voraus. In der Stoischen Apathie kann das Ziel nicht gesucht werden, da sie eine Schimäre, unvereinbar mit der menschlichen Natur, ist. Der wahrhaft Glückliche ist derjenige, der sich sinnlichen und geistigen Interessen öffnet und am wenigsten in Abhängigkeit von anderen gerät. Das Streben nach Lust ist der gewaltige Hebel alles menschlichen Tuns, und deswegen kann es sich nicht darum handeln, es zu unterdrücken, sondern in der richtigen Weise zum Nutzen der Gesamtheit zu verwerten, das allgemeine Wohl mit dem egoistischen zu versöhnen, was der Zweck und die Aufgabe einer guten Gesetzgebung ist. Der Fortschritt der Erkenntnis allein kann die Menschheit diesem erhabenen Endziel, von dem sie noch weit entfernt ist, näher bringen.

Sein Hauptwerk, die Schrift über den Geist, „De l'esprit" betitelt, beginnt Helvetius mit einer allgemeinen Charakteristik des Geistes. Sinnlichkeit und Gedächtnis sind die einzigen Erkenntnisquellen, und was wir Geist nennen, ist überhaupt nichts anderes als die Auffindung von B e z i e h u n g e n ; und zwar von Beziehungen einerseits zwischen den Objekten selber, anderseits zwischen den Objekten und dem Subjekt. Wir haben in dieser Auffassung geradezu einen Grundpfeiler der französischen Aufklärung und des späteren, zum Teil durch sie bedingten Positivismus erblickt. Hier herrscht volle Übereinstimmung zwischen Condillac, D'Alembert, Lamettrie und Helvetius, und dies ist zugleich der Punkt, an dem der Zusammenhang mit Hume und seiner Erkenntnislehre am besten sichtbar wird. Erkennen ist Beziehen, Feststellen von Ähnlichkeiten und Unterschieden zwischen den einzelnen Phänomenen[158]. Nun ist die Menge dieser Beziehungen eine unerschöpfliche. Es ist also notwendig, über das Prinzip der A u s w a h l ins klare zu gelangen. Das Prinzip der Auswahl ist kein anderes als das Prinzip des I n t e r e s s e s, und zwar entweder des Einzelsubjektes oder einer kleineren oder größeren Gesamtheit. Als wertvoll gelten jene geistigen Äußerungen, die das Wohl des Individuums oder jener Menschengruppe fördern, deren Interessenrichtung eben eine einheitliche ist[159]. So gibt es keinen a b s o l u t e n Maßstab des Wahren und des Guten. Bloß darin besteht ein relativer Unterschied, daß der Geltungsumfang des ersteren ein größerer ist, wenigstens sein kann als der des letzteren. Helvetius sucht nämlich zu zeigen, daß, während es Wahrheiten gibt, die, wie die mathematischen, von der ganzen Kulturwelt anerkannt werden, die Bewertung der Tugenden niemals den gleichen Grad der Allgemeinheit erreicht. Die theoretischen Interessen der Nationen können zum Teil in Einklang gebracht werden, ihre praktischen stehen in einem unvereinbaren, ausschließenden Gegensatze. Der Kriegszustand ist der natürliche Zustand des Menschengeschlechtes und das Ideal des Völkerfriedens hält der nüchterne Helvetius für eine Schimäre[160]. Dies ist von seinem Standpunkt aus auch begreiflich, denn er erblickt im nationalen Ehrgeiz einen ganz besonderen Ansporn der individuellen Tugend. Überhaupt hält er den Ehrgeiz für den Hebel alles kulturellen, geistigen und sittlichen Fortschrittes. Wir haben das bisher Gesagte nämlich noch um den für Helvetius am meisten charakteristischen Punkt zu ergänzen. Er fragt nach dem Grunde der verschiedenen Begabungsstufen. Man könnte, da alle Ideen den Sinnen entstammen, zunächst meinen, die Feinheit der sinnlichen Organisation bedinge den Vorrang der einen Begabung vor der anderen. Allein diese Annahme wird durch die Erfahrung hinlänglich widerlegt. Man könnte also die ungleiche Kapazität des Gedächtnisses für den ungleichen Wert des Geleisteten verantwortlich machen. Allein auch dies erweist sich nicht als haltbar. Denn wir müssen daran festhalten, daß alle Leistungen des Geistes, auch des produktivsten und genialsten — und zwar nicht bloß in der Wissenschaft oder Philosophie, sondern auch in Kunst, Recht und Politik, kurz überall — sich auf Entdeckung bisher unbekannter Beziehungen beschränken. Es ist nun aber die Menge von Beziehungen auch zwischen einigen wenigen Phänomenen eine überaus große, und so ist das Problem der Genialität nicht ein solches der Häufung, sondern wiederum eines der Auswahl von Inhalten. Man ist, wie Helvetius richtig bemerkt, selten ein bedeutender Mensch, wenn man nicht den Mut hat, eine Unsumme nebensächlicher Dinge zu vernachlässigen[161]. Im allgemeinen weiß man eher zuviel als zuwenig. Die Triebkraft der Auswahl, um die es sich hier handelt, ist also wieder das Interesse, das heißt, von der psychologischen Seite gesehen, die **Aufmerksamkeit**. Sie bringt Ordnung in die Masse unserer Empfindungen und Vorstellungen, sie scheidet das Wichtige vom Unwesentlichen. Die Aufmerksamkeit tritt indessen nicht von selbst in Funktion, sie muß von der Leidenschaft getrieben werden, die somit für die moralische Welt dasselbe bedeutet, was für die physische Welt die Bewegung[162]. Die Verschiedenheit der Begabungen ist also lediglich eine Folge des verschiedenen Wirkungsgrades der Leidenschaften in den Individuen[163]. Die Menschen sind von Natur insgesamt gleich veranlagt, und die Unterschiede, die sie mitbringen, üben keinen bestimmenden Einfluß auf ihre Entwicklung und Ausbildung. Wenn es gleichwohl so verschiedene Grade der Tüchtigkeit und Bedeutung unter ihnen gibt, so erklärt sich dies bloß daraus, daß die einen leidenschaftlicher und deswegen aktiver sind als die anderen. Gegen die Leidenschaften ankämpfen, sie ausscheiden wollen, ist daher der denkbar größte Widersinn; es heißt, dem Menschen den Antrieb zu jeder Arbeit und Betätigung nehmen wollen. Man muß bloß den zerstörenden Wirkungen der Affekte vorbeugen, man muß sie im Interesse der Gesamtheit verwenden, das heißt, zur Steigerung der allgemeinen Wohlfahrt[164]. Denn das größte Glück der größten Zahl ist das sittliche Ideal, zu dem sich Helvetius ausdrücklich bekennt[165].

Die Leidenschaft, die eigentlich formende Kraft des Seelenlebens, entnimmt ihre Inhalte immer den Sinnen. Freilich hält Helvetius die unmittelbaren Leidenschaften und die abgeleiteten, die *„passions factices"* auseinander[166]. Allein er sucht zu zeigen, daß die letzteren eben abgeleiteter Natur sind und sich ausnahmslos auf die ersteren zurückführen lassen. Der Ehrgeiz zum Beispiel, den Helvetius für die wichtigste Triebfeder des Menschen hält, ist das Bedürfnis nach Ansehen und Geltung; dies ist aber ein abstraktes Verhältnis, solange es sich nicht darin bekundet, daß einem die anderen zu Diensten erbötig sind, welche Dienste wiederum zweifacher Natur sein können: Abnahme von Lasten und Zuführung von Genußgütern.

Die Einfachheit des seelischen Mechanismus ermöglicht eine Vorausberechnung der Wirkungen und damit eine weitgehende Beeinflussung desselben. Auch darin ist Helvetius ein typischer Sproß seines Zeitalters, daß er an die Allmacht einer guten Gesetzgebung glaubt. Eine solche darf sich selbstverständlich der gegebenen Realität nicht verschließen, sie muß den Menschen als das nehmen, was er ist, nämlich als ein durchaus egoistisches Geschöpf, aber sie muß seinen Egoismus in den Dienst ihres Hauptzweckes, nämlich der Erreichung des größtmöglichen Gemeinwohles stellen. Auch dieser Zweck hat keine Ursprünglichkeit; Helvetius nimmt nicht wie Shaftesbury angeborene sympathische und moralische Empfindungen an, die dem Egoismus ein Gegengewicht bieten; sondern auch der Gemeinsinn ist ein Resultat des Egoismus oder, wie man sagen könnte, ein gegenseitig vollzogener Ausgleich vieler Egoismen[167].

Die Gesetzgebung ist unzertrennlich mit der Erziehung verbunden; sie ist selber ein Teil derselben. Mit ihrem Problem beschäftigt sich Helvetius in seiner zweiten, posthum erschienenen Hauptschrift „De l'homme, de son éducation" (Über den Menschen und seine Erziehung). Sie strotzt von Wiederholungen und mittelmäßigen Sentenzen, zwischen denen hie und da einige nennenswerte Bemerkungen eingesprengt sind. Sie gruppieren sich vornehmlich um die Frage: Wie kann die geistige Produktivität gehoben werden? Antwort: Dadurch, daß der Ehrgeiz, der eigentliche seelische Motor, in Bewegung, und zwar in die richtige Bewegung versetzt wird. So allein läßt sich der Einfluß des Zufalles auf die Ausbildung von Talent und Genie einschränken[168]. Die herrschenden Gesetze und Religionen sind wenig geeignet, diesen Erfolg herbeizuführen. Anstatt die lebendigen Kräfte zu wecken, üben sie einen Druck auf dieselben aus, züchten sie Untätigkeit und Trägheit. Die geistlichen Interessen dürfen in keinem Widerspruch zu den weltlichen stehen. Zweck einer guten Gesetzgebung ist Schutz des Lebens, der Freiheit und des Eigentums der Bürger. Ist damit das Programm des Liberalismus umschrieben, so zeigt sich Helvetius weitsichtig genug, auch das wirtschaftliche und soziale Gebiet in seine Reformpläne einzubeziehen. Vor allem tritt er für eine gleichmäßigere Verteilung des Eigentums ein, die der Arbeit angepaßt sein soll. Luxus und Verschwendung müssen eingedämmt werden. Helvetius fordert sogar die Abschaffung des Geldes durch unmittelbaren Tauschverkehr[169]. Es ist klar, daß sich Helvetius' Tendenzen zum Teil mit denen des aufgeklärten Absolutismus berühren. Aber er geht weit darüber hinaus, denn er spricht die Souveränität des Volkes aus wie Holbach und Rousseau[170]. Eine durch Gewalt errungene Herrschaft, meint er, darf durch Gewalt entfernt werden.

Helvetius setzt sich in dieser Schrift namentlich mit Montesquieu und Rousseau polemisch auseinander. Jenem wirft er vor, er sei nicht auf das grundlegende Prinzip der Gesetzgebung zurückgegangen; er hätte sonst einsehen müssen, daß Tugend, Furcht, Ehre, die angeblichen Triebkräfte der Republik, des Despotismus, der Monarchie nichts Letztes sind, sondern das gemeinsame Grundmotiv des persönlichen Interesses zugrunde liegen haben. Gegen Rousseau meint Helvetius, daß der Mensch von Natur eher böse als gut ist. Ganz im intellektualistischen Sinne der Aufklärung ist es gedacht, wenn Helvetius den sittlichen Fortschritt mit der Ausbreitung der Bildung in Zusammenhang bringt. Der Verfasser des „Emile" habe mit seiner phantastischen Ausmalung und Verklärung des Paradieszustandes der Unschuld auf die Instinkte der Unwissenden spekuliert. Helvetius konnte kaum anders urteilen. Ihm, der ganz im Getriebe einer Welt stand, die kein höheres Gesetz kannte als das des Mechanismus, galt als unbestrittene Voraussetzung eben das, was Rousseau mit der Leidenschaftlichkeit des zu sich selber, zur Gottheit und zur Seele erwachten Gemütes bekämpfen und verwerfen mußte.

3. Der systematische Materialismus

Im Jahre 1770 erschien in Amsterdam ein Buch, dessen Titel lautete: „Système de la nature, ou des lois du monde physique et du monde moral" (System der Natur oder: Über die Gesetze der physischen und der moralischen Welt). Als Verfasser war der zehn Jahre früher verstorbene Mirabaud, Sekretär der Akademie, bezeichnet. Es sollte der Verdacht der Urheberschaft von dem wahren Autor, dem Baron Holbach abgewehrt werden, dessen Salon damals den Vertretern des neuen Geistes offen stand[171]. Allerdings stammt das Werk nicht aus der Feder Holbachs allein, aber da handelt es sich mehr um Zusätze und Ergänzungen, wie etwa bei den Diderot zugeschriebenen Schlußpartien, während Entwurf und Ausführung im ganzen unzweifelhaft auf Holbach zurückgehen.

Paul Heinrich Dietrich Freiherr von Holbach ist im Jahre 1723 zu Heidelsheim in der Pfalz geboren, kam aber, wie sein Landsmann Grimm, frühzeitig nach Paris, wo er bis 1789, also bis zum Ausbruch der französischen Revolution lebte, zu dem seine philosophische Propaganda einiges beigetragen hatte. Das „Système", sein Hauptwerk, hat man nicht mit Unrecht als die Bibel des Materialismus bezeichnet, denn es ist wie eine kanonische Zusammenfassung seiner wichtigsten Motive, die auf Endgültigkeit Anspruch erhebt. Die Restlosigkeit der in ihm vertretenen Überzeugung gibt ihm denn auch eine Gewalt und Wucht, die keinem Werke der damaligen Literatur Frankreichs, mit Ausnahme Rousseaus, eignet; war es hier doch sonst üblich, den irgendwie gefährlichen Gedanken durch eine skeptische Wendung die Spitze abzubiegen! Holbach hat den Materialismus gerade dadurch, daß er ihn schematisierte und systematisierte, vor Verflüchtigung bewahrt und ihm eine Prägung gegeben, die sich im Deutschland des 19. Jahrhunderts sehr wirksam erweisen sollte.

Das „System der Natur" ist in zwei Hauptteile gegliedert: einen metaphysischen und erkenntnistheoretischen und einen solchen, der die Widerlegung der Religion und ihren Ersatz durch soziale Moral bezweckt. Die materialistische Doktrin ist in einen **universellen Naturalismus** eingebaut. Es gibt bloß eine allumfassende Natur, eine allgemeine Gesetzmäßigkeit, unter der der Mensch wie alle übrigen Geschöpfe und Gegenstände steht[172]. Seine Erkenntnis und sein Wohlergehen sind dadurch bedingt, daß er sich dieser Zugehörigkeit und Abhängigkeit bewußt ist. Sein Unheil ist es, daß er den Schwerpunkt seines Interesses anderswohin verlegt: in eine übersinnliche, übernatürliche Welt, deren bloßer Begriff einen Widerspruch einschließt. Die Orientierung in der gegebenen Welt, die klare Erforschung der Naturgesetze und ihre praktische Verwertung, sie sind das einzige, was ihm einen sicheren Halt gibt und seine Weiterentwicklung verbürgt. So verengt sich der universelle Naturalismus, der als solcher ja auch bei Bruno, Shaftesbury, Spinoza zu finden ist, zum immanenten **Positivismus**, der die gesamte Aufklärung charakterisiert; und der Positivismus wieder verdichtet sich zum **Materialismus**. Dermaßen zeigt uns das System der Natur schon in seinen einleitenden Partien den Weg, den eine bestimmte Denkrichtung von der Renaissance bis zum Abschluß der Aufklärungsphilosophie zurückgelegt hat, gleichsam in verkürzter Perspektive.

Es gibt nichts als Materie und Bewegung, richtiger ausgedrückt, als Materie in Bewegung, bewegte Materie[173]. Denn Bewegung ist untrennbar mit Materie verbunden. Das System der Natur setzt also an eben dem Punkt ein, bis zu dem Lamettrie in seiner Abhandlung über die Seele gelangt war. Lamettrie hatte gezeigt, daß es gänzlich ungeformte und passive Materie nicht gibt, daß Ausdehnung, Gestalt und Bewegung stets mit Materie, daß Materie manchmal mit Empfindung verbunden ist. Das

„System der Natur" geht einen Schritt weiter. Es nimmt an, daß die Bewegung von Uranfang der Materie eingepflanzt ist. Sie ist nicht eine bloße Akzidenz derselben, sondern geht aus ihrer Wesenheit hervor; sie ist ganz unmittelbar in und mit ihr gegeben wie Ausdehnung, Gestalt, Undurchdringlichkeit und Schwere. Die verschiedenen Arten der Bewegung erklären sich daraus, daß die Materie nichts schlechtweg Einheitliches ist, sondern eine Mannigfaltigkeit von Grundeigenschaften und Kombinationen einschließt, durch die erst der wahre Naturbegriff umschrieben wird.

Insbesondere hat man zwischen äußerer Bewegung der sichtbaren Körper und innerer Bewegung ihrer kleinsten Teile zu unterscheiden. Eine solche innere Bewegung ist dasjenige, was im Menschen und überhaupt in den Lebewesen als seelischer Vorgang bezeichnet wird, Fühlen, Denken und Wollen. Damit wird also das Seelisch-Geistige selbst als Bewegung aufgefaßt. Hier ist der Punkt, wo das „System der Natur" am weitesten vom Standpunkt Lockes und Voltaires, aber sogar von dem Lamettries abweicht. Denn jene hatten im Empfinden und Denken etwas von Ausdehnung, Solidität und Bewegung Grundverschiedenes erblickt und lediglich gemeint, es müsse Gott möglich sein, beide Reihen miteinander in e i n e r Substanz zu vereinigen. Und auch Lamettrie sahen wir noch zwischen Bewegung und Empfindung als zwei völlig selbständigen, voneinander getrennten Eigenschaften der Materie unterscheiden. Erst das „System der Natur" vertritt den radikalen, dogmatischen Materialismus, der beides in eines setzt. Haß und Liebe werden nicht symbolisch, sondern buchstäblich als Phänomene der Abstoßung und der Anziehung aufgefaßt[174]. Ursache heißt ganz im allgemeinen jenes Ding, das ein anderes in Bewegung setzt. Wirkung heißt die dadurch hervorgerufene Veränderung selber[175]. Der Inbegriff aller Ursachen und Wirkungen ist die Naturgesetzlichkeit. Der Gegensatz von Ordnung und Unordnung ist anthropomorphistisch; er ist aus den menschlichen Verhältnissen in die äußere Natur übertragen. Objektiv kann Unordnung nichts bedeuten als den Übergang eines Dinges aus einer alten in eine neue Ordnung.

Die Materie ist die einzige Substanz; das Seelische ist eine bestimmte Bewegungsform derselben. Was bleibt für den Geist übrig? Nichts, nicht einmal der Schatten einer Existenz. Unausgedehntes, unteilbares Sein können wir uns nicht vorstellen; noch weniger seine Wirkung auf ausgedehntes, teilbares Sein. Denn es müßte doch im Maße seiner Einwirkung darauf die Stellung zu ihm verändern; und das heißt, es müßte selbst ein Räumliches, Ausgedehntes, aus Teilen Zusammengesetztes, mit einem Worte, Materielles sein. Hier greift der Verfasser auf das Problem zurück, das seit Descartes die moderne Philosophie am meisten in Anspruch genommen hatte: das Verhältnis von Geist und Materie. Man weiß, in wie verschiedenem Sinne die Frage von Descartes, Spinoza, Malebranche, Berkeley, Leibniz beantwortet worden war. Der Verfasser des Système entledigt sich ihrer in einer dem Spiritualismus und Idealismus diametral entgegengesetzten Weise: Materie vermag bloß auf Materie zu wirken, also gibt es nichts als Materie. Die Zuflucht zu einer unsichtbaren geistigen Substanz ist der Erklärungsgrund der Primitiven[176].

Alle seelischen und intellektuellen Vermögen gehen aus der Empfindung hervor, die eine Veränderung im inneren Organ durch äußere Eindrücke ist. Wahrnehmung ist eine Ergreifung dieser Veränderungen durch das innere Organ; Idee entspricht der Herstellung einer Beziehung zwischen Veränderung und Außenobjekt; Reflexion ist Erfassung von Empfindungen, Wahrnehmungen und Ideen selber. In ähnlicher Weise werden sodann Erinnerung, Phantasie, Urteilskraft, Wille erklärt. Die Grundlage sämtlicher intellektuellen und sittlichen Fähigkeiten ist also eine materielle. Schließlich sei noch die Definition der Vernunft angeführt. Sie ist unser Vermögen, Erfahrungen zu sammeln und zu Voraussagen zu verwerten, die wiederum den Zweck verfolgen, Schädliches von uns fernzuhalten, Nützliches heranzuziehen und so unser Glück, den einzigen Zweck unseres Seins und Handelns, zu fördern[177]. Das Wesen des Glückes ist wieder völlig dem der Ordnung angemessen; es besteht in der Übereinstimmung des Menschen mit den auf ihn einwirkenden Ursachen. Diesen Bestimmungen fügt sich nicht minder die Auffassung der Moral; Gut und Böse werden am Nutzen der Gesamtheit abgemessen. Die größten Tugenden sind diejenigen, die der Gesellschaft die größten und dauerhaftesten Vorteile verschaffen. Moralische Verpflichtung entspringt dem Bewußtsein der notwendigen Verknüpfung bestimmter Mittel mit dem allgemeinen und alleinigen Zweck der Glückseligkeit und der

UNIVERSELLER MECHANISMUS

daraus erfließenden Forderung, jene Mittel zu realisieren. Wir vermeinen, Helvetius oder Diderot zu vernehmen, wenn wir weiter hören, daß der Kampf gegen die Leidenschaften ein Unding ist: daß es sich nicht darum handeln kann, sie zu zerstören, sondern sie eben im Dienste der größtmöglichen Wohlfahrt der Allgemeinheit zu verwerten[178]. Wie wäre es auch denkbar, sie auszuschalten, da sie doch notwendig aus unserer organischen Beschaffenheit erfolgen? Im System der Natur ist ebensowenig Raum für Freiheit, für einen selbsttätigen Willen wie für einen Geist überhaupt. Sämtliche Lebensäußerungen sind kausal-mechanisch bedingt. Ein Wesen, das sich selbst zu bewegen imstande wäre, würde aus der allgemeinen ursächlichen Verkettung heraustreten und mithin auch fähig sein, die gesamte Weltbewegung zum Stillstande zu bringen[179]. Sagt man, damit werde der Moral der Boden entzogen, so weiß man nicht, was man sagt. Bloß wenn der Mensch determiniert ist, wenn in ihm eine eindeutige Verknüpfung von Motiven und Willensäußerungen stattfindet, kann irgendeine, also auch eine moralische Wirkung auf ihn ausgeübt werden: das sattsam bekannte Argument gegen die Freiheitslehre. Von Natur sind die Menschen weder gut noch böse; sie sind mehr oder minder bewegliche und leistungsfähige Maschinen. Eben darauf gründet sich die außerordentliche Bedeutung von Erziehung und Gesetzgebung. Das Prinzip der Notwendigkeit heißt Erziehung, wenn es an Kindern, Gesetzgebung, wenn es an einer ganzen Gesellschaft, Moral, wenn es an den Menschen als Vernunftwesen überhaupt durchgeführt wird[180]. Dies Prinzip wirkt einheitlich und gleichmäßig an allem, was es gibt und was geschieht; im Falle der schweren Körper, in Haß und Liebe, in Tugend und Laster, im geselligen Trieb der menschlichen Gattung. Es ist ja auch klar, daß dort, wo es keine Seele, wo es bloß eine materielle Substanz gibt, ebensowenig von Freiheit als von Unsterblichkeit die Rede sein kann. Der Verfasser leugnet denn auch gänzlich den praktischen wie theoretischen Wert dieser Vorstellungen. Er vertritt die Überzeugung, daß die Religionen, indem sie sich ihrer bedienen, gar keinen Nutzen, sondern lauter Schaden gestiftet, die Menschheit in ihrer natürlichen Entwicklung, die zugleich die sittliche ist, aufgehalten, ihr geradezu entgegengewirkt haben.

Mit diesem Gegenstande setzt sich der zweite Teil eingehend auseinander. Er geht zunächst dem Ursprung des Gottesbegriffes nach, der ihm lediglich das ohnmächtige Bedürfnis verrät, für die u n b e k a n n t e Ursache der Erscheinungen und Vorgänge einen Namen zu prägen, anstatt die Grenze des Erkennens durch solide Erfahrungen zu erweitern oder, wenn das nicht angeht, sich innerhalb ihrer zu bescheiden. Ebenso verhängnisvoll ist, daß sich die Unwissenheit fast ausnahmslos mit der Furcht verbindet und den Menschen zu einer knechtischen Haltung veranlaßt. Der Gottesbegriff ist also auf den Trümmern des Naturbegriffes aufgepflanzt worden[181]. Entweder er wird mit rein menschlichen Merkmalen ausgestattet — und dann gelangt man zu einem primitiven Mythologismus — oder es bleibt nichts übrig, als ihm einen Haufen negativer Bestimmungen, wie Unendlichkeit, Zeitlosigkeit, Unveränderlichkeit, anzuhängen — und dann verwirrt und verdunkelt er sich völlig, was auch das Schicksal sämtlicher theologischer Systeme bleibt[182]. Solche Unklarheiten und Widersprüche sucht der Verfasser nicht bloß im Offenbarungsglauben, sondern in allen religiösen Lehren, im Theismus wie im Deismus nachzuweisen[183]. Er folgert hieraus, ganz entgegen der herrschenden Meinung, daß die Begründung der Moral auf Religion in Anbetracht der Unsicherheit des Fundamentes keineswegs notwendig, daß sie im Gegenteil äußerst schädlich ist. Die einzig sichere Grundlage ist die der Naturerkenntnis. Sie ist ebenso unerschütterlich fest wie ihr Gegenstand, die Naturgesetzlichkeit, die, indem sie über allen Geschöpfen ruht, ihnen erst die Maßstäbe für Gut und Böse sichert[184]. Indem er sich ihr anvertraut, wird er den elementarsten Trieb seiner Natur, den Selbsterhaltungstrieb, nicht verleugnen, wie ihm die Religion auferlegt, sondern ihn richtig anwenden und verwerten. Das heißt, er wird einsehen, daß er, um überhaupt bestehen zu können, seine eigenen Interessen in Einklang mit denen der anderen setzen muß, daß also sein persönliches Gedeihen die Wohlfahrt der Gesellschaft, in der er lebt, voraussetzt. Da das Grundprinzip der Natur das der E r h a l t u n g ist, sollen Naturalismus, Materialismus, Atheismus keine Verführung zum brutalen Egoismus bedeuten. Die Religion hingegen, die den Menschengeist mit abergläubischen Vorstellungen füllt und das Gleichgewicht des Gemütes stört, erzieht zum

Fanatismus, zur Grausamkeit und zu jener verderblichen Selbstsucht, die sich hinter dem Trugbild einer demütigen Gottesverehrung verschanzt[185].

So finden wir in diesen Kapiteln die Summe all desjenigen gezogen und auf die radikalste Formel gebracht, was die Aufklärung gegen die Religion und ihre Wirkungen auf die Menschheit zu sagen hat[186]. So einseitig dieser Standpunkt ist, so unverhohlen diese Einseitigkeit gerade hier, wo jede Hülle abgeworfen wird, zutage tritt, ein ehrliches sittliches Pathos kann man dem „System der Natur" nicht absprechen. Man muß sich vielmehr fragen, ob die von ihm vertretenen Ideale der Gerechtigkeit und Humanität mit dem Prinzip des reinen Egoismus, das von ihm zugrunde gelegt wird, überhaupt vereinbar, aus letzterem irgendwie zu verstehen seien; ob nicht doch insgeheim schon ein ursprüngliches Prinzip der Verbindung und Gemeinschaft vorausgesetzt werde. Es ist dies durchaus das ethische Analogon zum theoretischen Begriff der Materie, wie er hier gefaßt ist. Das „System der Natur" erhebt nachdrücklich Einsprache dagegen, daß man unter Materie eine träge, tote, ungeformte Masse verstehe, von der es dann freilich unverständlich ist, wie sie zu Bewegung, Leben und Bewußtsein gelangen könne; und aus dieser selbstbereiteten Schwierigkeit, diesem selbstverschuldeten Unverständnis nehme man die Zuflucht zu einer Geisteswelt, einer Gottheit, die jener formlosen Masse erst eine lebendige Seele einblasen müsse; Materie sei aber stets mit Form und Bewegung, Stoff immer mit Kraft verbunden[187]. Auf diese Art wird der Dualismus freilich bloß verhüllt, nicht aber überwunden; die seelisch-geistigen Elemente werden in die Materie hineingeschoben, wo sie doch ihr Eigenwesen behalten. Eine Materie, die nicht allein die Keime des Organischen, sondern auch die des Empfindens und Denkens in sich trägt, ist zum mindesten ein so rätselhaftes Ding wie die spirituelle Substanz, die die Materialisten nicht müde werden zu verunglimpfen. Nicht minder unglaubhaft ist es, daß ein konsequenter Egoismus bloß dadurch, daß er die Egoismen der anderen in seinen Kalkül einbezieht und sie für seine Zwecke ausnützt, zum Altruismus, zum sozialen Sinn, zur Humanität sich erweitere. Der Sprung vom Egoismus zur Menschenliebe ist unvollziehbar wie der von der Materie zum Geiste; wir stehen hier an der Grenze des theoretischen und des praktischen Materialismus. Von den übrigen Werken Holbachs, die sich insgesamt um denselben Gedanken bewegen, sei noch das 1773 in Holland erschienene „Système social" (Soziales System)[188] erwähnt. Alles Heil, alles Glück, aller sittliche Fortschritt wird von der Aufklärung erwartet. Tugenden und Laster sind durchaus abhängig von den wahren und falschen Ideen, die wir uns bilden oder die uns andere vermitteln[189]. So verkörpert sich im Materialismus zugleich das Extrem des Intellektualismus, in dessen Bann die ganze Epoche steht: und es bedurfte des Gegenstoßes von einer anderen Seite, um der Menschheit zum Bewußtsein zu bringen, daß die noch so sorgsame Pflege des Verstandes zur Begründung eines guten und segensreichen Lebens nicht ausreicht; es bedurfte dieses Gegenstoßes, um die Wahngebilde einer Zivilisation zu zerschlagen, die in eitler Selbstverkennung ihrer Grenzen dem Menschen die Erreichung eines Zieles vortäuschte, wo sie ihm nicht einmal den Weg wies, ja ihn denselben oft gründlich verfehlen ließ. Der Stoß wurde von Rousseau geführt. Erst mit ihm vollendet sich unser philosophisches Bild des Zeitalters.

ROUSSEAU

Der Mann, dem wir uns jetzt zuwenden, ist eine Erscheinung von ganz anderer Art und Prägung als die bisher dargestellten. Er ist nicht in der Weise zeitbedingt und von seiner Umgebung abhängig wie sie. Keiner derselben läßt sich von Ort und Stelle verrücken. Am wenigsten Voltaire; eben weil er sein Zeitalter so vollkommen repräsentiert, ist er nicht außerhalb desselben zu denken. Auch Rousseau ist ein Sohn des 18. Jahrhunderts; aber er ist mehr als dies; er schreitet mit uns — sichtbar und unsichtbar — durch die Zeiten. Und an manchem Wendepunkte steht er als unser Wegweiser vor uns. Er war, was Gorki neuerdings von Tolstoi gesagt hat: ein menschheitlicher Mensch.

Man kann Rousseaus Weltanschauung nicht von seiner Persönlichkeit absondern. Alles, was er geschrieben hat, und nicht bloß seine Autobiographie, ist Bekenntnis. Was er dachte, auch wenn es in die Form strenger Begrifflichkeit gefaßt war, kam mehr aus dem Herzen als aus dem Gehirn. Er ist der Philosoph des Gefühls und der Empfindsamkeit. Die Welt begehrte danach, denn sie war von abstrakter Intellektualität übersättigt. Dennoch ist Rousseau keineswegs ein bloßer Schwärmer und Enthusiast; auch in ihm ist ein kalter, zugreifender Verstand, eine bisweilen messerscharfe Logik, deren Räsonnement um so tödlicher wirkt, als es nicht von ihr selbst und ihrer überlegenen Objektivität, sondern von der Leidenschaftlichkeit seines ungezügelten Temperamentes in Bewegung versetzt wird. Auch wo Rousseau sachlich erscheint, ist er in Wahrheit höchst persönlich. Das erklärt nicht zuletzt seine Wirkung.

Rousseau ist ein Wecker des persönlichen Lebens. Er will es zu den Quellen seines Ursprunges zurückführen. Ursprünglichkeit ist das Zauberwort, durch das er den

Bann einer alle Eigenart flachdrückenden Verstandeshaftigkeit zu zerbrechen trachtet. Jedes seiner großen Werke ist ein Zeugnis dieses Strebens. Zunächst seine Autobiographie: will er doch hier auf den Grund seines Ich hinabtauchen, um es sich selbst und der Mitwelt rein und ungetrübt, wie er es gleichsam aus den Händen der Natur empfangen, vor das Auge zu stellen. Sodann der „Emile", der das Erziehungswerk des unverbildeten, unverfälschten, seinem tiefsten Wesen treu bleibenden Menschen in Angriff nimmt. Die „Neue Heloise", die das Verhältnis von Mann und Frau, das Liebesleben der Geschlechter läutern und verklären möchte. Die Schrift über den Gesellschaftsvertrag, die, nachdem die Erstlingsarbeiten über die Probleme des Fortschrittes und der Ungleichheit den Ansatz hierzu gegeben, die Urelemente und Prinzipien des menschlichen Zusammenlebens darlegt. Scheinbar steht er mit dieser Grundtendenz nicht vereinzelt; wir haben immer wieder gesehen, wie die Aufklärung bestrebt ist, durch Auflösung des historisch Gewordenen, Starrgewordenen in Erkenntnis, Sittlichkeit, Religion zu den Elementen derselben zu gelangen. Auch sie stellt dem durch Erziehung, Überlieferung, eingepflanztes Vorurteil verbildeten Menschen den natürlichen gegenüber. Aber ihr „natürlicher" Mensch ist ein abstraktes Vernunftschema, das nirgends und niemals gelebt hat. Rousseaus Begriff von Gott, vom Menschen, von der Natur hat einen viel lebendigeren und persönlicheren Charakter als der Voltaires oder der Enzyklopädisten. Nicht das Allgemeingesetz ist für Rousseau das Wesentliche, sondern die Individualität. Von ihm hat daher die Bewegung ihren Ausgang genommen, die zum Sturm und Drang, zu den Originalgenies und über den Klassizismus zur Romantik führte. Rousseau ist denn auch, zum Unterschied von den übrigen Aufklärern und in bewußtem Gegensatz zu ihnen, ein religiöses Phänomen. Nicht, als ob er sich zu einem Kirchenglauben in orthodoxer Weise bekannt hätte. Er ist eher ein Gegner des Kirchentums, denn auch er will eine natürliche Religion, wie er einen natürlichen Staat, einen natürlichen Menschen will. Seine Religiosität ist mehr als bloße Sittlichkeit oder als eine Konstruktion der Vernunft. Hier verdichtet sich überhaupt die ganze Problematik Rousseaus. Es ist ihm nicht gelungen, den Ausgleich zwischen Natur und

Religion, den er gesucht hatte, zu vollziehen. Die Religion treibt ihn über den Naturalismus hinaus; trotzdem ist er im Naturalismus hängen geblieben. In ihm setzt sich die Linie fort, die von Bruno über Pascal und Shaftesbury führt; auch er ist ein Protest gegen den Mechanismus und Intellektualismus. Aber er ist mehr als eine Fortsetzung: er ist zugleich ein schöpferischer Anfang. Die Grundformel der Aufklärung von der Einheit des Natürlichen, Vernünftigen und Göttlichen ist bei ihm noch aufrecht gehalten; aber, nicht bloß, daß sie sich mit einem neuen Inhalt erfüllt: sie ist für diesen Inhalt unverkennbar allzu eng geworden.

Rousseaus Werk ist nicht von seiner Persönlichkeit zu trennen; wir müssen also die seltsame Verkettung seiner Schicksale kennen, wie er sie uns in seinen „Bekenntnissen" enthüllt hat.

Jean Jacques Rousseau ist im Jahre 1712 in Genf als Sohn eines Uhrmachers geboren. Seine Mutter verlor er bei seiner Geburt; die ersten Jahre verlebte er in der Obhut seines Vaters; dann ging er auf die Wanderschaft, die, mit einigen Unterbrechungen, bis an sein Lebensende dauern sollte. Er kam zu einem Graveur in die Lehre, ging durch, kam zu Frau von Warens, die in seinem Leben eine so große Rolle spielen sollte, trat unter ihrem Einflusse in Italien zum Katholizismus über, dem er anhing, bis ihn ein späterer Aufenthalt in Genf wieder in die Arme der Kalvinschen Lehre zurückführte; er würde nach seiner Bekehrung Diener bei mehreren hochadligen Herrschaften, hatte Aussicht auf eine glänzende Laufbahn als Privatsekretär, die er jedoch in den Wind schlug, um wiederum einem ungebundenen, ziellosen Wanderleben zu frönen, von dem die nächsten Jahre ausgefüllt waren. Schließlich fand er ein Unterkommen bei Frau von Warens in der französischen Schweiz, wurde ihr Schützling und zugleich ihr Liebhaber, bis er durch den unbeständigen Sinn seiner Ziehmutter und Geliebten sich aus dieser doppelten Stellung gedrängt sah; gedachte der merkwürdigen Frau aber auch später noch mit rührender Anhänglichkeit. Er ging nun nach Lyon als Erzieher der Kinder des Herrn von Mably, eines Bruders des Abbé von Mably und des Abbé von Condillac; hielt es in dieser Stellung, die er mangelhaft ausfüllte, nicht länger als ein Jahr aus und begab sich alsdann, mit wertvollen Empfehlungen ausgerüstet, 1741 nach Paris, um dort sein Glück zu versuchen. Damit beginnt eine neue Epoche in Rousseaus Leben: die Epoche seiner geistigen Entfaltung und Fruchtbarkeit, seines werdenden Weltruhmes, aber auch der wirklichen und eingebildeten Leiden, die sein Eintritt in die Öffentlichkeit für ihn im Gefolge führte. Die merkwürdigen Charakterzüge Rousseaus, eine außerordentliche Empfindsamkeit und Reizbarkeit, ein Hang zum Mißtrauen und zur Schwermut, traten jetzt immer mehr an die Oberfläche und ließen ihn schließlich vereinsamen. Nach einer vorübergehenden diplomatischen Verwendung in Venedig, die er abbrach, weil er sich vom Gesandten unwürdig behandelt fühlte, kehrte er nach Paris zurück, wo er sich durch Abschreiben von Musiknoten und literarischen Arbeiten einen kümmerlichen Erwerb sicherte, den er überdies mit seiner Lebensgefährtin, der gänzlich ungebildeten und primitiven Therese Levasseur, und deren Angehörigen zu teilen hatte. Rousseau trat in Verbindung mit Voltaire und den Enzyklopädisten, deren Mitarbeiter er zunächst wurde, um sich bald von ihnen und ihrem Unternehmen, dessen Tendenz der seinigen doch zuwiderging, loszusagen. Er überwarf sich der Reihe nach mit den meisten seiner Freunde und Freundinnen und in seinem Kopfe setzte sich die Einbildung fest, daß er von einem Netz von Verschwörungen umgeben sei, die ihm Untergang drohten. So kam er nirgends zur Ruhe und wechselte verhältnismäßig häufig seinen Aufenthalt. Aus seinen Bekenntnissen gewinnt man den Eindruck, daß er sich in der Zeit seines früheren Wanderlebens, in Armut und Niedrigkeit, viel wohler fühlte als inmitten der großen Gesellschaft, der er doch innerlich ein Fremder blieb, und daß ihm auch die Befriedigung des Ehrgeizes und der Eitelkeit, der zunehmende Glanz, der sich an seinen Namen heftete, keinen Ersatz für das Paradies der Jugend bot. Seine späteren Lebensjahre verbrachte er abwechselnd in Frankreich unter dem Schutze mächtiger Persönlichkeiten, in der Schweiz, in England als Gast David Humes, von dem er sich indessen bald argwöhnisch losriß. Von 1770 an finden wir ihn, verdüstert und einsam, in Paris. Am 2. Juli 1778, also wenige Wochen nach Voltaires Hingang, ereilt ihn der Tod während eines Sommeraufenthaltes zu Ermenonville bei Paris.

Zum höchsten, reinen Menschentum, das ihm vorleuchtete, hat sich Rousseau nicht durchzuringen vermocht. In ihm lebte aber die Sehnsucht danach, und die hat er seinem Zeitalter mehr mitgeteilt als die Erfüllung des Ideales selber. Rousseau war durchaus eine Übergangserscheinung. In ihm war das Alte mit dem Neuen gemischt. Er war eine religiöse Natur; allein ihm fehlte zur Religion noch immer das Wichtigste: die Verwirklichung. Er ist zeitlebens ein Träumer geblieben, wogegen es ihm zum Sucher und Kämpfer am vollen Einsatz, an der letzten Kraft der Entscheidung und Verantwortung gebrach. Etwas unruhig Schweifendes, sogar Irrendes ist in seinem äußeren Gehaben, das ein getreuer Ausdruck des inneren Wesens war. Sein Temperament war ein vorwiegend imaginatives, der Überschwang der Einbildungskraft und des Gefühls[190] gab seinen Schöpfungen ihren intensiven und leidenschaftlichen Charakter, er verdarb ihm aber auch das Beste des Lebens, die tätige Durchdringung und Meisterung. So kommt es, daß er die Welt und sich selber nicht zutiefst vom Banne des Intellektualismus befreit hat; er lieferte sie dafür der Sentimentalität und Schwärmerei aus. Die Rückkehr zur Natur, die er predigte, ist keine wahre Erlösung und geistige Wiedergeburt gewesen; eine solche verlangt Handhabung und Beherrschung sämtlicher Seelenkräfte; Rousseau aber wurde seiner Affekte nicht Herr; bloß gelegentlich vermochte er sich über sie zu erheben — und auch dann mehr in der philosophischen Betrachtung als in der Praxis der Wirklichkeit. Diese leidenschaftliche Subjektivität trübt auch die besten Kundgebungen seines Gemütes; so ist sein glühender Gerechtigkeitssinn nicht frei vom Rachetrieb des Enterbten und Ausgestoßenen[191]; und in das Pathos der heiligen Empörung über die Unnatur und Verfälschung der vielgepriesenen Kulturwelt mischen sich Elemente des Neides und der Mißgunst. Durch all diese Trübungen dringt aber schließlich die Flamme der Menschlichkeit, die ihre läuternde und umwandelnde Kraft bewähren durfte.

Rousseaus erstes literarisches Debüt ist sein „Discours sur les sciences et les arts" (Abhandlung über die Wissenschaft und die Künste), 1750. Es ist die Beantwortung einer Preisfrage, die von der Akademie in Dijon gestellt war: „Si le rétablissement des sciences et des arts a contribué à épurer les mœurs" (Ob die Wiederbelebung der Wissenschaften und der Künste zur Reinigung der Sitten beigetragen habe). Über die Entstehung der Schrift berichtet uns Rousseau, daß er auf dem Wege nach dem Gefängnis von Vincennes, in dem Diderot damals gefangen saß, die Ankündigung der Preisfrage im „Mercure de France" gelesen habe; und nun sei es wie eine plötzliche Offenbarung über ihn gekommen; so gewaltig sei seine Gemütsbewegung gewesen, daß er in der Wanderung innehalten und sich, in Tränen aufgelöst, unter einen Baum setzen mußte. Rousseau ist sehr verschwenderisch mit solchen Gemütsergüssen und jedenfalls mit den Schilderungen derselben; es ist also möglich, daß er übertrieben hat. Daß ihm aber die Idee der Abhandlung, die doch für seine weitere Grundrichtung und für seinen Einfluß auf Mit- und Nachwelt entscheidend sein sollte, erst von Diderot suggeriert sein sollte, wie es der Bericht des letzteren nahelegt[192], ist höchst unwahrscheinlich und in seinen Konsequenzen sogar widersinnig; denn es ist unmöglich, gleichsam eine geistige Zeugung der stärkeren Persönlichkeit durch die schwächere anzunehmen. Jedenfalls war der Erfolg der Abhandlung, die auch mit dem ausgeschriebenen Preise gekrönt wurde, ein außerordentlicher; sie machte Rousseau über Nacht zum berühmten Manne. Philosophisch hat sie nicht viel zu bedeuten, noch weniger als die spätere über die Ungleichheit; aber als persönliche Kundgebung, als Streitruf ist sie von außerordentlicher Wichtigkeit und Tragweite; ist sie doch die Ansage eines seither nicht zur Ruhe gekommenen noch geschlichteten Kampfes des einer tieferen Bestimmung bewußten Menschen gegen die eitle Selbstherrlichkeit einer mehr und mehr ins Äußerliche sich verlierenden Zivilisation und Kultur, der Protest der Seele gegen die fortschreitende Verseichtigung und Verfälschung. Als dies muß sie genommen werden; dann wird man über den rhetorischen Pomp, über die willkürliche Stilisierung des Problems, über die kindische Einseitigkeit in seiner Beantwortung hinwegsehen, um den Kernpunkt ins Auge zu fassen. Es ist gar kein Zweifel, daß sich Rousseau die Sache viel zu leicht gemacht hat. Außerdem kann man nicht behaupten, daß seine Gedanken durchaus originell sind. Sie lagen damals sozusagen in der Luft. In der Aufklärung, zumal der französischen, sehen wir zwei Auffassungen einander kreuzen, deren eine den Wert von Kultur, Entwicklung, Zivilisation schrankenlos bejaht, deren andere ihn, wenn nicht verneint, so doch in Frage stellt; deren eine das Ideal des fortgeschrittensten, gebildetsten, deren andere das des einfachsten, ursprünglichsten Menschen vertritt[193]. Es ist bereits gezeigt worden, inwiefern dies mit den tiefsten philosophischen und methodischen Prinzipien der ganzen Bewegung, ihrem analytischen, sämtliche Gegebenheiten in ihre Elemente auflösenden Charakter zusammenhängt; so hatte ich schon, bei der Besprechung Condillacs, Anlaß, vorausschauend auf die Beziehung seiner Betrachtungen zu verwandten Motiven Diderots, Lamettries, Rousseaus hinzuweisen; was wir weiter auch bei Montesquieu, Voltaire, Bonnet, Mably bestätigt fanden. So können wir hier auch rückblickend Rousseaus Verherrlichung des Naturzustandes bei einem Teil der genannten Denker vorgefaßt finden. Er hat ihn bloß schärfer, in bewußter Ablehnung der Gegenwart, hervorgehoben; schließlich aber mildert er seine Schärfe, indem er lediglich vor den mannigfachen Gefahren durch einen Mißbrauch der Kultur warnt und in einer sehr beachtenswerten Wendung des Gedankens die Ausübung der Künste und Wissenschaften auf diejenigen beschränkt sehen möchte, die sie schöpferisch zu bereichern fähig sind, während er den Rest der Menschheit einem um so strengeren und ausschließlicheren Dienste der Tugend zuführen will. In der Beinhaltung derselben zeigt Rousseau noch keine sonderliche Klarheit. Eines aber steht ihm fest, und das hat seiner Schrift auch die Wirkung gesichert: daß die Kultur die Ursprünglichkeit, Echtheit und Wahrhaftigkeit des menschlichen Empfindens und Fühlens, seines Ausdruckes und seiner Mitteilung schädigt oder doch zu schädigen droht; und daß alle ihre Errungenschaften diese Ursprünglichkeit, Echtheit und Wahrhaftigkeit nicht aufwiegen.

Als eine Ergänzung dieser Schrift wird man den im darauffolgenden Jahre verfaßten, erst später veröffentlichten „Discours sur la vertu la plus nécessaire aux héros" (Abhandlung über die für den Helden notwendigste Tugend) betrachten können. Sie unterscheidet zwischen dem Weisen und dem Helden und schränkt die Wertschätzung kriegerischer Tugend, die im ersten Stück noch naiv zutage getreten war, auf das rechte Maß ein. Rousseau hat hier einen

Schritt in der Richtung getan, die deutlicher durch die zweite seiner wichtigen Schriften bezeichnet wird.

Im Jahre 1754 hatte die Akademie von Dijon einen neuen Preis für die Beantwortung der Frage nach der Entstehung der Ungleichheit unter den Menschen ausgeschrieben. Rousseau beteiligte sich mit der Schrift „Discours sur l'inégalité parmi les hommes" (Abhandlung über die Ungleichheit unter den Menschen), die diesmal keinen Preis davontrug, uns indessen einen tiefen Einblick in das Werden seiner Weltansicht vermittelt. Rousseau gefällt sich hier nicht, wie so oft fälschlich behauptet wird, in einer schrankenlosen Verherrlichung des Naturzustandes. Vielmehr erkennt er die Unzulänglichkeit desselben und die Notwendigkeit seiner Überwindung an. Aber er meint, daß die Entwicklung sich von Anbeginn auf Abwege verloren hat. Die Gründung der Gesellschaft ist im Zeichen des Eigentums vor sich gegangen[194]. Sie geschah zum Schutze des Besitzes gegen die große Menge der Enteigneten; dies ist das ihr anhaftende Erbübel, in dessen weiterer Auswirkung Mißbrauch der Gewalt und Sklaverei erschienen. Der Vertragscharakter der Gesellschaft wird schon hier mit Nachdruck betont[195]; desgleichen gegen Hobbes, daß der Mensch sich wohl seines Besitzes, nicht aber seiner Freiheit entäußern kann. So schließt das Ergebnis der ganzen Betrachtung einen merkwürdigen Doppelsinn ein, von dem Rousseau sich niemals völlig befreit hat. Die Preisgabe des Naturzustandes ist zugleich ein Vorteil und ein Nachteil, ein Gewinn und ein Verlust. Die Willkür wird durch das Recht überwunden; aber die Beugung des Rechtes bewirkt eine schlimmere Willkür, als die naturhafte gewesen war. Die einzige vernünftige Folgerung ist nicht das absurde Ideal einer Rückverwandlung des Kulturmenschen in den primitiven, sondern die Läuterung des Rechtes, der Gesellschaft und der Kultur von Lüge und Selbstsucht.

Der Betrachtung dieser Schrift schließt sich die zweier anderer an, die in nicht beträchtlichen Zeitabständen verfaßt sind. Die eine, der Artikel „De l'économie politique" (über die politische Ökonomie) in der Enzyklopädie, bezeugt Rousseaus Mitarbeit an diesem Unternehmen, die andere, „Lettre sur les spectacles" (Brief über die Theateraufführungen), seine Trennung von ihm und seinen Urhebern. Wir kehren hier aus sachlichen Gründen die Reihenfolge um und berühren mit ein paar Worten die letztgenannte Schrift, in der sich Rousseau leidenschaftlich gegen d'Alemberts Rat an die Genfer wendet, der Schauspielkunst eine Heimstätte zu bieten. Auch dieser Brief enthält bemerkenswerte Ausführungen über das Verhältnis der Kunst, namentlich der tragischen, zum Leben, die aber nicht ganz frei von dem widerlichen Beigeschmack eines selbstgerechten Moralpharisäertums sind. Rousseau hat im Grunde ein ähnliches Verhältnis zu seinem Problem wie Tolstoi; aber er greift es lange nicht in der Tiefe an wie dieser; was sich hier ganz besonders als beiden gemeinsam erweist, ist, daß ihre Kritik der Kultur und Gesellschaft zugleich revolutionär und reaktionär wirken kann[196]. Der Artikel über die politische Ökonomie bezeichnet unverkennbar den Übergang zum späteren „Contrat social". Es wird schon das Grundprinzip der *volonté générale* eingeführt. Dieser Allgemeinwille, der erkenntnistheoretisch nicht gänzlich geklärt ist — er schwankt zwischen Idealbegriff und Realität —, ist höchste und einzige Autorität, unter der alle Einzelwillen stehen und der sie sich anzupassen haben[197]. Ihr muß vor allem die Gesetzgebung konform sein[198]. Wichtiger noch als das Gesetz ist die Bürgertugend, die natürliche Übereinstimmung des individuellen mit dem allgemeinen Interesse, die am besten durch eine öffentliche von Vaterlandsliebe und Gerechtigkeit erfüllte Erziehung gewährleistet wird. Wer Rousseau auf Grund der ersten Schriften etwa für einen Sozialisten oder Kommunisten halten könnte, wird durch diesen Artikel über politische Ökonomie gründlich aufgeklärt. Der Schutz des Eigentums wird als noch wichtiger hingestellt als der Schutz der Freiheit[199]. Denn das Eigentum ist die Grundlage der bürgerlichen Gesellschaft; außerdem ist es engstens mit der Selbsterhaltung verknüpft; und schließlich die einzige Garantie dafür, daß die Bürger ihre staatlichen Verpflichtungen einhalten. Rousseau erklärt sich sogar für eine bestimmte Stabilität des Eigentums, freilich bei möglichst gleichmäßiger Verteilung desselben. Grundsatz einer weisen Staatswirtschaft wird es eher sein, die öffentlichen Bedürfnisse einzuschränken, als außerordentliche Geldmittel zu ihrer Befriedigung hereinzubringen.

Ihre organische Durchbildung und ihren Abschluß erhalten diese Gedanken im „Contrat social" (Der Gesellschaftsvertrag), der einige Jahre später fertig wurde. Die historische Bedeutung dieses Werkes, sein Einfluß auf die französische Revolution, kann nicht in Frage gestellt werden. Aber die Originalität des Grundgedankens ist gerade hier nicht selten überschätzt worden. Es ist natürlich irrig, daß Rousseau die Lehre vom Vertragscharakter der Gesellschaft zuerst aufgestellt hat; sie reicht bis auf die griechischen Sophisten zurück, wird bei Platon abgehandelt, bildet ein stehendes Thema der ganzen neuzeitlichen Rechts- und Staatsphilosophie, wie sie denn zum Beispiel bei Hobbes und Locke aufs klarste ausgeprägt ist[200]. Rousseau hat ihr lediglich die letzte Spitze gegeben. Der Vertrag, der der Gesellschaft zugrunde liegt, ist nicht als einmal vollzogenes historisches Faktum, sondern als ihr sinngebendes Prinzip zu denken. Es bedeutet, daß jeder sich seiner Freiheit zugunsten des Allgemeinwillens begibt, aber gerade durch diese übereinstimmende Verzichtleistung eine neue Freiheit errungen wird, die den Einzelindividuen als Gliedern des Gesamtwillens zukommt[201]. Durch den Gesellschaftsvertrag erhebt sich der Mensch aus einem Instinktwesen zu sittlichem Bewußtsein. Obgleich er sich in dem neuen Stande mehrerer Vorteile begibt, die er von der Natur erhielt, gewinnt er viel größere wieder: Erweiterung des Intellektes, Veredlung der Gefühle, der ganzen Seele, so daß er, wenn er den rechten Gebrauch davon machte, unablässig den Augenblick preisen müßte, der ihn von einem stumpfsinnigen Tiere zu einem vernünftigen Menschen gemacht hat[202]. An Stelle der natürlichen Freiheit und Gleichheit, die in Wahrheit Tyrannei der Instinkte und allgemeine Willkür ist, tritt die moralische und rechtliche Freiheit und Gleichheit. Ein neuerlicher, überzeugender Beweis dafür, wie wenig mit der geläufigen Formel „Rückkehr zur Natur" Rousseaus eigentlicher Standpunkt gekennzeichnet wird. Im weiteren Fortgange der Betrachtung erweist es sich freilich, daß der Allgemeinwille nicht eins ist mit der Summe der Einzelwillen, der „*volonté de tous*", sondern ein ihnen übergeordnetes Prinzip darstellt, das eine ungeklärte Mischform von Norm, Fiktion und metaphysischer Realität ist. Das Zwischenglied zwischen diesem gesetzgebenden Allgemeinwillen, also dem eigentlichen Souverän, und den einzelnen Bürgern ist die Regierung, deren Funktion sich darauf zu beschränken hat, eine ausübende zu sein[203]. Die Regierung kann eine monarchische, republikanische, demokratische oder aristokratische sein, sie kann ferner eine Unzahl von kombinierten Formen eingehen. Sie unterscheidet sich von der Souveränität, die unabänderlich der Gesamtheit des Volkes angehört, wie sich eben das Prinzip der Exekutive von dem der Gesetzgebung, wie sich die Bewegung vom Willen, sich zu bewegen, wie sich die Anwendung eines Grundsatzes auf einen Einzelfall vom Grundsatze selber unterscheidet. Die Einsetzung der Regierung hat nicht den Charakter eines Vertrages, sondern einzig den der Bestellung eines Funktionärs; denn es kann bloß einen Vertrag geben, den nämlich, der die Gesellschaft selber begründet[204].

Die Souveränität ist ebensowenig vertretbar, als sie veräußerlich ist; bloß das Volk in seiner Gesamtheit ist zur Gesetzgebung berufen; jedes Repräsentativsystem, jeder Parlamentarismus ist verwerflich[205]. Auch hier tritt Rousseaus Tendenz zur Ursprünglichkeit, sein Widerstand gegen alles Abgeleitete und zum Ersatz Dienende sichtbar zutage. Von größter Wichtigkeit ist seine konsequente Festhaltung der Souveränität des Volkes, die ihn in den Regierenden, auch in den erblichen Monarchen, bloß Beamte, Bevollmächtigte jenes einzigen, wahren Souveräns erblicken läßt, welche letzterer nach Belieben absetzen und wechseln kann. Es ist lediglich eine Maxime der politischen Klugheit, nicht des Rechtes, daß man nicht allzusehr an den bestehenden Regierungsformen rüttle[206]. So ist Rousseau der Vollender einer Lehre, die den Feudalismus und das Gottesgnadentum zertrümmert und an ihre Stelle das Prinzip der politischen Selbstbestimmung, der Autonomie des Volkes gesetzt hat. Die Religion, als innere Verbindung der Seele mit dem Göttlichen, ist Sache des Einzelmenschen. Dem Staate steht es aber zu, diejenigen Formen der äußeren religiösen Übung festzustellen und seinen Gliedern aufzuerlegen, die er als notwendig für das Gemeinwohl betrachtet. In diesem Punkte stimmt Rousseau mit Hobbes überein, von dem er in der Bestimmung des Verhältnisses zwischen Volk und Regierung so sehr abweicht[207]. Erwähnt sei noch, daß Rousseau die nahe bevorstehende Umwälzung, wie er an ihr seinen geistigen Anteil hatte, vorausgeahnt und gelegentlich mit prophetischer Kraft verkündet hat[208].

Rousseaus philosophisches Hauptwerk ist der 1762 erschienene „Émile ou de l'éducation" (Emil oder über Erziehung), mit dem der Weltruhm seines Verfassers aufs engste verknüpft ist. Hatte Rousseau in seinen frühesten Schriften dargelegt, wie entartet die menschlichen Gebilde, Kultur, Staat, Gesellschaft, sind, so geht er nunmehr daran, das Bild eines Menschen zu zeichnen, wie er sein, wie er werden sollte, wenn er die bildenden Einflüsse des rechten Erziehers empfängt. Alles ist gut, was aus den Händen des Schöpfers hervorgeht; alles verdirbt unter den Händen des Menschen. Mit diesen Worten beginnt das Buch. Soll etwas Rechtes zustande kommen, dann muß die schädigende Wirkung der Umgebung nach Möglichkeit ausgeschaltet werden. Emiles Erziehung geht deshalb in der Einsamkeit vor sich. Wie wir Condillac und Bonnet ihrer fingierten Statue einen Eindruck nach dem anderen in systematischer Reihenfolge zuführen sahen, so wird hier der Kindesseele durch planmäßige Auswahl und Ordnung ein getreues Bild der Welt vermittelt. Es ist nach allem Gesagten klar und wird bald noch klarer werden, daß wir Rousseau nicht mit Condillac und dem reinen Sensualismus auf eine Linie setzen können; aber wo die Analogie zwischen beiden und durch sie hindurch der allgemeine gedankliche Zusammenhang der Aufklärung zutage treten, dort dürfen sie nicht verschwiegen werden. Können wir doch die Spuren dieser Auffassung bis auf Bacon zurückverfolgen! Die Bildung der Vorstellungen und Begriffe soll nach Möglichkeit von jeder subjektiven Umdeutung gereinigt und ganz auf den objektiven Gehalt eingeschränkt werden. *Les faits! Les faits!* (Tatsachen, Tatsachen!) ruft Rousseau, und er bezeichnet damit den Nerv seiner Methode. Durch den absolut unpersönlichen Charakter der Erziehung soll die Persönlichkeit in ihrer unverfälschten Eigenart sich entfalten. Es ist wiederum Rousseaus wie seines ganzen Zeitalters Naturalismus, der hier zu Worte kommt. Er meint, es genüge, die Hindernisse hinwegzuräumen, die durch den Menschen künstlich gebildet wurden, um die lautere Wahrhaftigkeit seines Wesens zu enthüllen. Man muß, mit anderen Worten, den Menschen vom Menschen befreien; dann wird die Natur das ihrige tun, um ihn zur vollen Menschlichkeit hinzuführen. Dies Paradoxon geht durch sämtliche Werke

Rousseaus; von seiner Lösung wird noch zu reden sein. In etwas schematischer Weise wird nun die Erziehung in einzelne Abschnitte zerlegt, die von bestimmten Leitmotiven beherrscht sind. Von der Geburt bis zur Vollendung des zweiten Jahres ist sie eine rein physische. Vom zweiten bis zum zwölften Jahre werden die Sinne geübt. Vom zwölften bis zum sechzehnten Jahre, der Zeit des größten Kraftüberschusses, sind die intellektuellen und praktischen Fähigkeiten zu entwickeln. Bis dahin steht der Mensch ausschließlich in Beziehung zu den Dingen, gar nicht zu den Menschen; er ist noch kein moralisches Wesen. Zu einem solchen soll er sich erst in der nächsten Entwicklungsphase heranbilden. Freilich ist die Scheidung der Phasen keine absolute; aber Rousseau meint nicht mit Unrecht, daß erst mit der Geschlechtsreife das Spiel der menschlichen Leidenschaften sich völlig entfaltet. Sie sollen nicht unterdrückt, wohl aber in die richtigen Bahnen gelenkt werden; dies ist die schwerste und verantwortungsvollste Aufgabe des Erziehers[209]. In wörtlicher Übereinstimmung mit Vauvenargues unterscheidet Rousseau zwischen *amour-propre* und *amour de soi-même*, Selbstsucht und Liebe zum eigenen Selbst[210]. Die Liebe zum eigenen Selbst ist immer gut, sie ist wesenseins mit der Selbsterhaltung, die sich allem verbindet, was ihr förderlich ist, also die Kluft zwischen Ich und Welt überbrückt. Die Selbstsucht, der *amour-propre*, läßt den Menschen niemals ein ruhendes Gleichgewicht finden; denn diesem Triebe gehorchend, vergleicht er sich stets mit den andern, möchte er sie unter sich haben; hieraus gehen Eitelkeit, Ehrgeiz, Machtgier, die eigentlich egoistischen und antisozialen Affekte, hervor. Sinn und Zweck der Erziehung ist es, den Selbsterhaltungstrieb in seiner Entfaltung mehr und mehr von Selbstsucht zu läutern; eine Moralformel, in der Rousseau vielleicht am meisten mit Spinoza übereinstimmt.

Fassen wir die wichtigsten Grundsätze zusammen, deren Einfluß auf die moderne Pädagogik ein unbestreitbarer ist, so lauten sie: natürliche Erziehung, das heißt Erziehung durch die natürliche Gesetzmäßigkeit der Dinge anstatt durch menschliche Willkür; in weiterer Folge dieses Grundsatzes Unterricht durch Anschauung anstatt durch abstrakte Begriffe, organische Verbindung körperlicher mit geistiger

Arbeit, durch welche Anregung Rousseau zum Urheber der sogenannten aktiven Schule geworden ist.

In den Schlußpartien des „Emile" versucht Rousseau die Lösung des Sexualproblems. Vor dem erwachten Triebleben des Jünglings die Augen zu verschließen, hätte keinen Zweck; man muß ihm den richtigen Gegenstand darzubieten suchen; man muß in ihm das Bild einer möglichst vollkommenen Weiblichkeit wecken, damit er durch das sehnsüchtige Verlangen, seinem Original in der Wirklichkeit zu begegnen, vor Verirrungen seiner Triebe bewahrt bleibe. Im fünften Buche zeichnet Rousseau in der Gestalt der Sophie das Bild eines Mädchens, das, nach den richtigen Grundsätzen erzogen, zur Lebensgefährtin Emiles bestimmt ist. In diesen Grundsätzen, in denen sicherlich viel Gediegenes liegt, läßt sich Rousseau doch allzusehr von der Naturverschiedenheit der Geschlechter leiten, sein Ideal der Frau ist auch von Hausbackenheit nicht frei. So ist es vielleicht zu erklären, daß auch dieser Bund, wie aus dem merkwürdigen Nachtrag des Werkes „Les solitaires" hervorgeht, nicht von Dauer ist. Wie dem immer sei, als Pädagoge behauptet Rousseau seinen Rang; er entwickelt hier eine Meisterschaft der Seelenkenntnis, die lediglich durch seinen Naturalismus eingeschränkt wird.

In den Mittelpunkt der Rousseauschen Weltauffassung führt uns das berühmte, ins vierte Buch des „Emile" aufgenommene Stück:

„Profession de foi du vicaire savoyard" (Glaubensbekenntnis des Vikars von Savoyen). Man wird Rousseau nicht schlechtweg in eines der bereitliegenden philosophischen Schemata einreihen können. Den üblichen Empirismus und Sensualismus der Aufklärung teilt er nicht. Er beansprucht überhaupt nicht, Philosoph zu sein; oder, wenn man es schon so nennen mag, ist die Weisheit, nach der er trachtet, weniger eine des Verstandes als eine des Herzens. Der Mensch, als ein verschwindender Teil des unendlichen Ganzen, soll sich nicht vermessen, dieses durch grübelnde Betrachtung umfassen zu wollen; es ist ihm dann weit mehr um Befriedigung seiner Eitelkeit zu tun als um echte Erkenntnis. Wo ist der Philosoph, heißt es hier wörtlich, der nicht, seinem Ehrgeiz zuliebe, die gesamte Menschheit zu täuschen bereit wäre? Einleuchtend ist dasjenige, dem wir in der Einfalt unseres Herzens unsere Zustimmung nicht verweigern können; wahr, was damit notwendigerweise zusammenhängt; alles andere werden wir besser in der Unbestimmtheit belassen, in der es uns entgegentritt. Da es nicht von uns abhängt, Empfindungen zu haben oder nicht, muß deren Ursache eine äußere sein; diese uns unbekannte Ursache nennen wir Materie, deren Vorhandensein ebenso feststeht wie das unseres eigenen Selbst. Es gibt Empfindendes und Empfundenes; darauf läßt sich die Kontroverse zwischen Idealisten und Materialisten zurückführen. Empfindung ist aber nicht das einzige in uns; gegen Condillac geht es, wenn Rousseau noch entschiedener als Bonnet die Selbständigkeit und Eigenkraft des Seelischen betont. Vergleichen und Urteilen ist etwas von Empfinden Grundverschiedenes. Wären sie eines, so gäbe es überhaupt keinen Irrtum, weil die Empfindung als solche uns nicht täuschen kann. Wir wären vor allem außerstande, die Daten der verschiedenen Sinne auf ein einheitliches Objekt zu beziehen, es gäbe für uns fünf gänzlich voneinander verschiedene und getrennte Substanzen — so viele, als es Sinnesgebiete gibt —, und wir besäßen kein Mittel, ihre Identität zu erkennen. Wir sind also nicht bloß passive, empfindende, sondern aktive, denkende Wesen. Oder, wie man im Anklange an Kant auch sagen kann: Bewußtsein ist Synthese. Ebenso evident aber wie die Aktivität des Ich, meint Rousseau, ist die Passivität der Materie. Wo wir bewegte Körper sehen, dort muß sich uns die Überzeugung aufdrängen, daß der Impuls der Bewegung nicht in ihnen gelegen, sondern ihnen von außen her verliehen ist. Wir kommen also zur notwendigen Vorstellung eines Bewegers des Weltalls. Und wenn wir weiter sehen, daß diese Bewegung sich nach bestimmten Gesetzen vollzieht, so werden wir nicht bloß zur Annahme eines höchsten Willens, sondern auch zu der einer höchsten Intelligenz geführt. Mit eben solch unmittelbarer Sicherheit wird der Mensch seiner moralischen Beschaffenheit bewußt. Keine klügelnde Sophistik des Verstandes kann uns darüber hinwegtäuschen, daß unserem Gemüte das Prinzip der Unterscheidung des Guten und Bösen eingepflanzt ist; nicht um angeborene Ideen freilich handelt es sich hier, sondern um ursprüngliche Gefühle. Nicht anders verhält es sich in der Religion. Mit dem Deismus der Aufklärung teilt Rousseau die Ablehnung der Offenbarung und des Konfessionalismus. Auch er vertritt die Forderung der Naturreligion; allein er nimmt sie viel tiefer, innerlicher als die meisten Denker seiner Epoche. Für ihn bedeutet sie die Unmittelbarkeit eines Erlebnisses und nicht das Resultat abstrakten Denkens. Die Gottheit gilt ihm lediglich als Inbegriff höchster sittlicher Bestimmungen. Ihr wahrer Dienst ist gläubiges Durchdrungensein von ihr und sittliche Bewährung. Demgegenüber ist der Kirchendienst etwas Nebensächliches, und so erklärt es sich, daß Rousseau dem Staate die Befugnis zuspricht, ihn auf allgemein verbindliche Weise festzusetzen.

Die übrigen Werke Rousseaus sollen hier bloß erwähnt sein. Die „Julie" oder „La nouvelle Héloise" (Die neue Heloise), die einen ungeheuren Erfolg hatte, malt in lebhaften Farben die Leidenschaft zweier Liebenden und läßt im Kampfe zwischen ihr und der sittlichen Pflicht dennoch letztere den Sieg davontragen. Der sentimentale Selbstgenuß des Gefühles, auch des moralischen und religiösen, ein ungesundes Bedürfnis des Zeitalters, kommt in dem Buche reichlich zu seinem Rechte und das hat, neben seinen positiven Eigenschaften, seine Verbreitung gefördert. In vorgerückten Lebensjahren hat Rousseau seine meisterlichen „Confessions" aufgezeichnet, in denen sich die Entwicklung der Persönlichkeit, der Riß, der durch sie hindurchgeht, die überhandnehmende Unruhe, mißtrauische Zweifelsucht und Weltentfremdung zusehends verfolgen lassen. Einen krankhaften Charakter gewinnen diese Züge in den „Rêveries du promeneur solitaire" (Träumereien des einsamen Spaziergängers), in denen Anklagen gegen die Welt mit Anwandlungen von Selbstzerfleischung abwechseln. Dabei bricht auch das Motiv der religiösen Sehnsucht stärker durch; ein Zeichen, daß die Rückkehr zur Natur, der sentimentale Naturalismus, für Rousseau keine endgültige Formel bedeutete. Sie versetzte ihn in einen Widerspruch mit sich selber, aus dem er allerdings niemals gänzlich herausgekommen ist. Was Rousseau vor Augen stand, war das Bild des vollkommenen, göttlichen Menschen, des vollkommenen, göttlichen Lebens. Er hat es nun, der Linie der Aufklärung auch an diesem so entscheidenden Punkte folgend, in die Natur hineingetragen. Es handelt sich hier um einen Doppelsinn des Naturbegriffes. Wie Rousseau diesen Begriff faßt, bedeutet er Ursprünglichkeit mehr im Sinne der metaphysischen Wesenhaftigkeit als in dem der Übereinstimmung mit dem Naturgesetz; oder richtiger, Elemente beider Auffassungen mischen sich in unklarer Weise bei ihm. Und dennoch war er am meisten auf dem Wege, das Richtige zu erkennen. Er hat das Gute und Göttliche viel deutlicher und reiner erkannt als seine Zeitgenossen; aber er verkannte, daß die Spannung zwischen Gut und Böse schon durch die Natur hindurchgeht; und daß die Lösung darum nicht in der Natur gesucht werden kann, sondern nur in einer höheren, geistigen Realität, von der die menschliche Kultur ein, wenn auch sehr entstelltes und verfälschtes Zeugnis gibt.

ABSCHLUSS

Wir haben, rückblickend und zusammenfassend, noch einige Erläuterungen zu geben. Man kann die Philosophie jedes Zeitalters unter zweierlei Gesichtswinkel rücken: man kann sie als ein Stück der Philosophie und man kann sie als ein Stück dieses Zeitalters ansehen. Das erstere ist bereits in unserer Einleitung geschehen. Wir sahen dort, daß der Beitrag, den die französische Aufklärung zur Gesamtphilosophie geliefert hat, kein allzu großer gewesen ist. Für die Lösung der Hauptprobleme hat sie nicht sehr viel geleistet; am wenigsten zu ihrer Vertiefung; am ehesten wird man sagen dürfen, daß sie ihnen eine breitere Grundfläche dargeboten hat. Sie hat die Motive, die in der Luft lagen und sich teilweise schon in den gewaltigen Systemen des 17. und 18. Jahrhunderts niedergeschlagen hatten, ergriffen und in fast ermüdender Einheitlichkeit abgewandelt. Namentlich die Grundgleichung: Natur—Vernunft—Geist spannt sich als ein alle Abstände und Ungleichmäßigkeiten überwölbender Bogen von Condillac bis zu Holbach, von Voltaire bis zu Rousseau. Aber sie ist schließlich überspannt worden. In Rousseau sahen wir ihre Unzulänglichkeit zutage treten. Die entgegengesetzten Enden, die Pole des sittlichen und vernünftigen Seins streben hier zu weit auseinander, als daß sie durch jene Naturformel noch zusammengebracht werden könnten. Genauer können wir die theoretische Situation so bestimmen, wie sie uns schon bei Condillac und hauptsächlich bei d'Alembert erschien. Der Rationalismus und der sensualistische Naturalismus sind nicht in Einklang zu bringen. Als die beiden Brennpunkte des Weltbegreifens gelten Mathematik und Moralität; wir sollen aus reiner Vernunft die Prinzipien der ersteren ebenso einsehen wie die sittliche Grundbeschaffenheit; und dennoch soll alles ohne Rest aus sinnlichem Stoffe bestehen. Die Vernunft hat diesen Stoff lediglich zu ordnen, indem sie ihn in seine Elemente zerfasert. Doch zerfaserte Sinnlichkeit ist weder Mathematik noch Moralität, sie ist — Sinnlichkeit. In der Unzulänglichkeit dieser ihrer Voraussetzungen bewegt sich die französische Aufklärung wie in einem Bannkreise, aus dem sie denn begreiflicherweise oft zur logischen und ethischen Skepsis herabgleitet. In Rousseau wird der Zustand gleichsam ein krisenhafter; die Lösung weist auf den Idealismus hin, der sich denn auch, gerade auf deutschem Boden, stark unter Rousseaus Einfluß durchgesetzt hat. Der Geist der Synthese triumphiert hier über den der Analyse; oder, sagen wir es noch allgemeiner: der Geist obsiegt der Natur. Man kann die Grundelemente der französischen Aufklärung beibehalten, man muß sie bloß aus der Tiefe fassen, so daß sie sich aus einem Punkte erzeugen und in ihm wiederum zusammenlaufen, und man hat die Kantische Philosophie. Hier haben wir alles: den Verzicht auf metaphysische zugunsten der mathematischen und der moralischen Erkenntnis, den Primat der praktischen Vernunft vor der theoretischen, die Begründung Gottes auf die Selbstgewißheit des sittlichen Bewußtseins. Allein wir haben es einheitlich und auf sicherer Grundlage: auf der des vernünftigen Geistes, der den Naturalismus überwindet. Das bedeutet ja die Lehre von den Begriffen und Sätzen a priori, von ihrer schöpferischen Kraft, die „kopernikanische" Umwendung des alten Erkenntnisprinzips. Der Verstand, der Geist ist es, der der Natur ihre Gesetze vorschreibt; eben darum kann der Geist kein Stück Natur sein: er hat sein eigenes Reich, das sich uns am unmittelbarsten in Religion und Moral aufschließt.

Es erübrigt nunmehr noch, die Philosophie der französischen Aufklärung, um sich ihre kulturelle Wirkung zu vergegenwärtigen, im Verhältnis zu ihrem Zeitalter zu betrachten. Sicherlich hat sie der Revolution vorgearbeitet, ihr das geistige Rüstzeug geliefert. Eine Untersuchung über Maß und Richtung dieses Anteils würde ganze Bände beanspruchen: wir haben uns hier auf die wichtigsten Bemerkungen zu beschränken. Die Absicht der Philosophen dieser Epoche ist keineswegs auf eine solche Umwälzung gerichtet gewesen, wie sie sich alsdann unzweifelhaft unter ihrem Einflusse vollzogen hat. Von einer ganz einheitlichen

Gedankenrichtung ließ sich zwar in abstrakter Hinsicht reden, nicht aber in Hinsicht der praktischen Kulturziele. Man kann weder behaupten, daß die französische Aufklärung mit dem Feuer gespielt, noch, daß sie den Brand gelegt hat; sie hat die Macht des Elementes, in dem sie wirkte, nicht annähernd begriffen und beherrscht. Unsere Betrachtung hat den Ablauf der gesamten Bewegung gezeigt. Man darf drei Perioden unterscheiden: die des Auftaktes, die bis etwa 1750 reicht; dann folgt, innerhalb eines knappen Jahrzehntes, die Konzentration und von dem gemeinsamen, durch die große Enzyklopädie geschaffenen Zentrum aus der Hauptstoß; in der dritten Periode sondern sich die gegensätzlichen Elemente wieder mit größerer Schärfe heraus, auf der einen Seite Rousseau, auf der andern der Materialismus, während die mittlere Linie der Aufklärung am ehesten durch Condillac, Voltaire und d'Alembert gehalten wird und Diderot sämtliche Motive vertritt, ohne sie versöhnen zu können. Wodurch haben sie nun insgesamt der französischen Revolution die Wege bereitet? Durch die Abräumung des historisch Gewordenen, wenn es der Forderung nicht entsprach, sich vor dem Forum der Vernunft zu rechtfertigen; oder, wenn wir die Forderung ins Positive wenden, durch die darin eingeschlossene Notwendigkeit, eine Neuordnung der Dinge aus reiner Vernunft zu begründen.

Wir haben freilich gesehen, daß dieser Vernunftbegriff einigermaßen undurchsichtig und vieldeutig war; daher denn auch der Gedanke einer Neuordnung der Dinge und Verhältnisse sich mit dem gleichen Mangel behaftet zeigte. Ein unabweisbares, aber nicht hinlänglich klares Gefühl von der Unhaltbarkeit des Bestehenden gab sich unter den geistigen und nicht minder unter den politischen Führern der Zeit kund, soweit sie Überlegung und Verantwortung an den Tag legten. Sie wünschten und begünstigten das Neue, fürchteten es indessen zugleich und wehrten sich dagegen. Sehr anschaulich hat Condorcet diese zwiespältige Haltung der Regierenden an einer Stelle seines Hauptwerkes charakterisiert.

„Oft lohnte sie (die Aufklärer) eine Regierung mit der einen Hand, indem sie mit der anderen ihre Verleumder bezahlte; ächtete sie und machte sich eine Ehre daraus, daß der Zufall ihre Geburt in den Umfang ihres Gebietes gesetzt hatte; strafte sie für ihre Meinung und wäre schamrot geworden, wenn man geargwohnt hätte, daß sie solche im Grunde nicht mit ihr teile." Die Ereignisse nahmen, aus einer bestimmten, ihnen innewaltenden Notwendigkeit ihren Lauf, sie erfüllten ihre Gesetze und ließen sich nicht auf die Grenzen festlegen, die ihnen ihre ersten gedanklichen Urheber hatten geben wollen. Es sei hier noch bemerkt, daß wir über den Prozeß mit besonderer Deutlichkeit durch die Correspondance littéraire, philosophique, critique unterrichtet werden, die von 1753 bis 1769 und weiter von Grimm in Verbindung mit Diderot und anderen herausgegeben wurde [211]. Diese Korrespondenz, die besonders an die um die Verbreitung der Aufklärung unter den Völkern beflissenen auswärtigen Souveräne gerichtet war, berichtet über den Fortgang der Literatur in diesen Jahrzehnten und zeigt uns zugleich wie in einem spiegelnden Medium die Umrißlinien des allgemeinen Geschichtsprozesses.

Die französische Revolution hat das Programm der Aufklärung insoferne verwirklicht, als sie hinter alle historischen Bildungen auf den Menschen an und für sich, den abstrakten, ewigen, natürlichen und vernünftigen Menschen, zurückgehen wollte; oder, sagen wir, auf die Idee des Menschen wie auf die des Staates, der Gesellschaft, der Freiheit. Ihre erste große Tat ist die Proklamation der Menschenrechte. In einem auffallenden Kontrast steht freilich die nüchterne Vernünftigkeit ihres Programmes mit der schwärmerischen Ekstase in seiner Durchführung, die sich zu den grausamsten Ausschweifungen verstieg. Die Lösung dieses Paradoxons ist in dem Werke und der Persönlichkeit Rousseaus enthalten. Denn Rousseau hat das kalte Verstandesschema der Aufklärung zerschlagen, um an seine Stelle den lebendigen, fühlenden, leidenschaftlichen Menschen zu setzen. Und diese Leidenschaft des Suchens, Sehnens und Forderns hat sich in der französischen Revolution erfüllt, sie hat sich auch in ihrem blinden Zerstörungstrieb und Blutrausch nicht verleugnet.

Ziehen wir die Summe unserer Betrachtungen, so müssen wir sagen, daß die französische Aufklärung Vorzüge und Mängel des ganzen Aufklärungsprozesses am deutlichsten sichtbar gemacht hat. Sein Grundprinzip, das der Freiheit und Selbstbestimmung, ist nicht vereinbar mit seinem Naturalismus. Ist der Mensch ein bloßes Naturwesen, dann kann er sich nicht ordnend, gestaltend, Richtung gebend über das Naturgeschehen erheben. So weist die Aufklärung selber auf die Notwendigkeit einer tieferen spirituellen, ethisch-religiösen Grundlegung hin, und die Erfüllung dieser Notwendigkeit ist die unabweisbare Aufgabe unseres Zeitalters geworden.

BIBLIOGRAPHISCHER WEGWEISER

A. Originalwerke:

1. Alembert, J. le Rond d', Oeuvres philos., histor. et littéraires, Paris, 1805, 18 Bde.
2. —, Traité de dynamique, Paris, 1743.
3. —, Traité de l'équilibre, Paris, 1744.
4. Bonnet, Ch. de, Oeuvres d'histoire naturelle et de philosophie, Neuchâtel, 1777—83, 18 Bde.
5. Buffon, G. L. L. Comte de, Histoire naturelle générale et particulière, Paris, 1749—88, 36 Bde.
6. Cabanis, P. J. G., Rapports du physique et du moral de l'homme, Paris, 1867, 2 Bde. (Erstausgabe: Paris, 1802).
7. Condillac, E. B. de Mably de, Oeuvres complètes, Paris, 1798, 23 Bde.
8. —, Cours d'études pour l'instruction du Prince de Parme, Deux-Ponts, 1782, 13 Bde.
9. Condorcet, M. J. A. N. C. Marquis de, Oeuvres complètes, Braunschweig und Paris, 1804, 20 Bde.
10. Diderot, D., Oeuvres complètes, Paris, 1875—77, 20 Bde. (Erstausgabe: London, 1773).
11. Duclos, Ch. P., Oeuvres complètes, Paris, 1806, 10 Bde.
12. Encyclopédie ou dictionnaire raisonné des sciences, des arts et des métiers, Paris, 1751—72, 28 Bde.; dazu: Supplément, Amsterdam, 1776/7, 5 Bde. und Table analytique, Paris, 1780, 2 Bde.
13. Galiani, F., Dialogues sur le commerce des blés, London, 1770 (Erstausgabe: Paris, 1764).
14. —, Les femmes (dialogues), in Opuscules philos. et littér., éd. Suard et Bourlet de Vauxelles, Paris, 1796.
15. —, Lettres, éd. Asse, Paris, 1881.
16. Grimm, M. Freiherr von, Correspondance littéraire, philosophique et critique, Paris, 1813, 16 Bde.
17. Helvetius, Cl. A., Oeuvres complètes, London, 1777, 4 Bde.
18. Holbach, P. H. D. Freiherr von, Système de la nature ou des lois du monde physique et du monde moral, London (Amsterdam), 1770, 2 Bde.
19. —, Système social, London (Amsterdam), 1773, 2 Bde.
20. Lamettrie, J. O. de, Oeuvres philosophiques, Berlin, 1796 (Erstausgabe: London [Berlin], 1751, 2 Bde.).
21. Mably, G. B. de, Collection complète des œuvres, Paris, 1794 (Erstausgabe: ebda., 1789), 15 Bde.
22. Maupertuis, P. L. M. de, Oeuvres, Lyon, 1756, 4 Bde.
23. Montesquieu, Ch. de Sécondat, Baron de la Brède et de, Oeuvres, Paris, 1822, 8 Bde.

24. Morelly, N., Code de la nature, Amsterdam, 1755 (bisweilen irrtümlich Diderot zugeschrieben, so z. B. in der Gesamtausgabe seiner Werke von 1773).
25. Robinet, J. B., De la nature, Amsterdam, 1761—66.
26. —, Vue philosophique de la gradation naturelle des formes d'être, Amsterdam, 1768.
27. Rousseau, J. J., Collection complète des œuvres, Deux-Ponts et Genève, 1782/9, 35 Bde.
28. Tracy, A. L. C. Destutt comte de, Eléments d'idéologie, Paris, 1801—15, 5 Bde.
29. Turgot, A. R. J. Baron de l'Aulne, Oeuvres, Paris, 1913 ff. (Erstausgabe: ebda., 1811, 9 Bde.).
30. Vauvenargues, L. C. Marquis de, Oeuvres complètes, Paris, 1821, 3 Bde. (Erstausgabe: ebda., 1747).
31. Volney, C. F. Ch. Comte de, Oeuvres complètes, Paris, 1821, 8 Bde.
32. Voltaire, F. M. A. de, Oeuvres complètes, Paris, 1885, 54 Bde. (Erstausgabe: Genf, 1768; besonders berühmt die Ausgabe: Kehl, 1785/9, 70 Bde.).

B. Literaturauswahl:

33. Brunetière, F., Histoire de la littérature française classique, Paris, 1907.
34. Cassirer, E., Das Erkenntnisproblem in der modernen Philosophie und Wissenschaft, Bd. 2, Berlin, 1907.
35. Cousin, V., Cours de l'histoire de la philosophie moderne, 7. Aufl., Paris, 1866.
36. Damiron, Ph., Mémoires pour servir a l'histoire de la philosophie au dix-huitième siècle, Paris, 1858—64, 3 Bde.
37. Dilthey, W., Weltanschauung und Analyse des Menschen seit Renaissance und Reformation, in Ges. Schriften, Bd. 2, Leipzig, 1914.
38. Hettner, H., Literaturgeschichte des 18. Jahrhunderts, Bd. 2, 4. Aufl., Braunschweig, 1893.
39. Lange, F. A., Geschichte des Materialismus, 7. Aufl., Leipzig, 1902.
40. Richter, R., Der Skeptizismus in der Philosophie, Leipzig, 1904/8.
41. Windelband, W., Geschichte der neueren Philosophie, Bd. 1, 4. Aufl., 1907.

ANMERKUNGEN

1. Vgl. Kant: „Was ist Aufklärung?" WW. Bd. 8.
2. Dieser philosophische Objektivismus findet bekanntlich in den materialistischen und positivistischen Denkrichtungen des 19. Jahrhunderts seine Fortsetzung. Gegen sie hat sich in den letzten Jahrzehnten eine im stetigen Anwachsen befindliche Gegenbewegung vollzogen, die durch Namen wie Dilthey, Windelband, Rickert, Bergson bezeichnet ist. Hierzu vornehmlich: Dilthey: „Einleitung in die Geisteswissenschaften", Rickert: „Die Grenzen der naturwissenschaftlichen Begriffsbildung", Bergson: „Matière et mémoire", „L'évolution créatrice".
3. Hierfür wie für das folgende sei insbesondere auf die höchst aufschlußreichen Untersuchungen in 37 verwiesen, namentlich auf das Kapitel: „Das natürliche System der Geisteswissenschaften im 17. Jahrhundert."
4. S. 33, III.
5. Voltaires herbes Urteil über Montesquieu findet auf ihn selbst und die meisten seiner philosophierenden Zeitgenossen Anwendung. Es lautet: „Ich suchte einen Führer auf einem schwierigen Wege und fand einen Reisebegleiter, der nicht besser unterrichtet war als ich selber. Ich fand den Geist des Verfassers, der ihn reichlich besitzt, um so seltener aber den der Gesetze. Er springt mehr, als er schreitet; er blendet mehr, als er leuchtet; er ist zuweilen mehr Satiriker als Richter. Und er läßt einen wünschen, daß ein so genialer Mann mehr zu belehren als zu überraschen getrachtet hätte." Dialogues et entretiens philosophiques XXI, 1. (S. d. Zusammenstellung 32, LI, 301/2.)
6. 38, in dem Kap.: „Der Grundgedanke der französischen Aufklärung". Ähnlich Dilthey, 37, 95, und Cousin, 35, III.
7. Vgl. Condillac, Traité des systèmes (7, I).
8. Über die Gedankenlinie, die hier von Hobbes zu d'Alembert führt, siehe 37, 358 ff. Über Locke 34, II, 163.
9. Locke, Untersuchung über den menschlichen Verstand, Buch IV, Kapitel 10.
10. Vgl. 40, II, 70.
11. 37.
12. Emile (27, VII—X), Livre II.
13. Essai sur l'origine (7, I), I, Sect. 2, Ch. 2, § 18 ff.
14. Ib. I, Sect. 2, Ch. 4, § 40 ff.
15. Ib. I, Sect. 4, Ch. 1.
16. Ib. II, Sect. 5, Des abstractions. Vgl. L'art de penser (7, VI), I, 6 ff.
17. L'art de penser, I, 9. Vgl. Essai sur l'origine I, Sect. 2, Ch. 7, § 67.
18. Ib. I, Sect. 2, Ch. 7.
19. Hier hängt Condillac nach rückwärts mit Sanchez und zumal Hobbes, nach vorwärts mit Kant zusammen.

20. L'art de penser, II, 4.
21. Ib. II, 1 u. 2.
22. Traité des sensations (7, III), Précis de la prémière partie; Grammaire (7, V), Art. II; Logique (7, XXII), I, Ch. 7.
23. Dazu 34.
24. Vgl. auch William S t e r n, Person und Sache, I, 103 ff.
25. Langue des calculs (7, XXIII), Objet de cet ouvrage.
26. Logique, II, Ch. 5.
27. Ib. II, Ch. 2; Grammaire, I, Ch. 1 u. 2.
28. Logique, II, Ch. 3.
29. Langue des calculs, XIV. Hier wird die Analyse als die Methode beschrieben, „qui par un premier procédé traduit, dans une équation fondamentale, toutes les données d'un problème; et qui par un second fait prendre à cette équation une suite de transformations, jusqu'à ce qu'elle devienne l'équation finale, qui renferme la solution". Dazu ib. I, Ch. 16.
30. 6, Deuxième mémoire, Ch. VIII.
31. Ib. Ch. III.
32. Ib. Ch. V.
33. Ib. Dixième mémoire, Sect. II.
34. Diese Theorie ist bekanntlich in ähnlicher Weise von Maine de Biran, Schopenhauer, Hartmann, Dilthey vertreten. Gegen sie wendet sich Rickerts „Gegenstand der Erkenntnis".
35. Es sei hier insbesondere auf eine Stelle hingewiesen, die die geistige Freiheit und Verantwortlichkeit des Mannes kennzeichnet. „Si je savais quelque chose, qui me fût utile et qui fût préjudiciable à ma famille, je la rejeterais de mon esprit. Si je savais quelque chose, qui fût utile à ma famille et qui ne le fût pas à ma patrie, je chercherais à l'oublier. Si je savais quelque chose utile à ma patrie et qui fût préjudiciable à l'Europe et au genre humain, je le regarderais comme un crime." Wo ist heute — nach etwa zwei Jahrhunderten — der gute Europäer, der so zu urteilen und danach zu handeln wagte?
36. Vgl. Montesquieu, Lettres persanes (23, VI). „Je n'ai jamais oui parler du droit public, que l'on n'ait commencé par rechercher soigneusement, quelle est l'origine des sociétés, ce qui me parait ridicule."
37. De l'esprit des lois (23, II—V), I, 1.
38. Es ist auch ganz die Auffassung, die trotz Hegel einen ansehnlichen Teil des 19. Jahrhunderts beherrschte und zum Beispiele von Thomas Buckle in seiner bekannten „Geschichte der Zivilisation" vertreten wird.
39. De l'esprit des lois, III.
40. Vgl. 33, III, Ch. 3. Der Einwand des Verfassers, daß es auch Despotien gibt, die, wie die russische, auf die Liebe der Untertanen zu ihren Herrschern gegründet sind, erledigt sich wohl von selber.
41. De l'esprit des lois, XI.
42. Ib. XI.
43. Ib. VIII, 3.
44. Ib. XVIII, 8.
45. Ib. XVIII, 9.
46. Hermann Graf K e y s e r l i n g, Philosophie als Kunst, in dem Stück: „Zeitliche, zeitlose, ewige Geister".
47. Die Gründe hierfür hat Condorcet, Vie de Voltaire (9, VI), vielleicht am besten angegeben, wenn er als das einigende Band beider

ANMERKUNGEN

Persönlichkeiten ihre gemeinsame Gegnerschaft gegen Vorurteil und Aberglauben, ihre Freude an der Verhöhnung des Dummen und Lächerlichen, also eher eine Gemeinschaft des Hasses, als eine solche der Liebe bezeichnet.

48. Dieu et les hommes (**32**, XXVIII), Ch. 3.
49. Traité de métaphysique (**32**, XXII), Ch. 2; De l'âme I (**32**, XXIX); Additions aux remarques sur les pensées de Pascal (**32**, XXXI), IV.
50. Le philosophe ignorant (**32**, XXVI), XV; Dictionnaire (**32**, XVII bis XX), Art. Dieu und Art. athéisme; Traité de métaphysique, Ch. 2. Hier weist Voltaire auch auf die Schranken des theologischen Beweises hin, der auf einen Ordner, nicht auf einen Schöpfer der Welt einen Schluß zu ziehen erlaubt. Homélies (**32**, XXVI, XXVII) I.
51. Il faut prendre parti ou le principe d'action (**32**, XXVIII), I; De l'âme, I.
52. Traité de métaphysique, Ch. 2.
53. Profession de foi des théistes (**32**, XXVII). „Nous adorons depuis le commencement des choses la Divinité unique éternelle, rémunératrice de la vertu et vengeresse du crime; jusque-là tous les hommes sont d'accord, tous répètent avec nous cette confession de foi."
54. Ib. „Que toute religion rend témoignage au théisme"; vgl. Dialogues et entretiens philosophiques, XXI, 10.
55. Histoire de Jenni (**32**, XXI), Ch. 9, Sur l'athéisme.
56. Traité de métaphysique, II.
57. Dictionnaire philosophique, Art. théisme.
58. Ib. Art. Dieu.
59. Histoire de Jenni, IX.
60. Traité de métaphysique.
61. Histoire de Jenni, IX.
62. Dictionnaire philosophique, Art. Le bien et le mal.
63. Il faut prendre parti.
64. De l'âme.
65. Tout en dieu (**32**, XXVIII).
66. Dictionnaire, Art. âme.
67. Le philosophe ignorant, 13.
68. Traité de métaphysique: Si l'homme est libre.
69. Le philosophe ignorant, 32.
70. Ib. 29.
71. Traité de métaphysique, Ch. 3.
72. Dictionnaire, Art. Dieu.
73. Avertissements au lecteur sur les dernières remarques sur les pensées de Pascal (**32**, XXXI).
74. Pensées diverses sur Pascal (**32**, XXII).
75. Dialogues, XXI, 7.
76. Ib. XXI, 9. „Point de liberté chez les hommes sans celle d'expliquer sa pensée." Vgl. **16**, I. Partie, II. 180 ff.
77. Ib. XXI, 13.
78. Dictionnaire, Art. Démocratie. Dagegen Essai sur les mœurs (**32**, XI—XIII), Schlußkapitel.
79. Briefwechsel zwischen Voltaire und d'Alembert. (**1**, XV, XVI). „On n'a jamais prétendu d'éclairer les cordonniers et les servantes, c'est le partage des apôtres."
80. Pensées philosophiques (**10**, I), XX.
81. Ib. L.

82. Ib. XXXI. „Le scepticisme est donc le premier pas vers la vérité."
83. Pensées sur l'interprétation de la nature (**10**, II), XV.
84. Ib. LVI.
85. Ib. LIII.
86. Ib. XII.
87. Ib. Questions 1, 2.
88. Ib. XLV.
89. Ib. Questions 3—7.
90. Réfutation suivie de l'ouvrage d'Helvetius intitulé l'homme; Réflexions sur le livre de l'esprit (**10**, II). Diderot wirft Helvetius vor allem die gänzliche Relativierung von Gut und Böse, die mangelnde Erkenntnis eines absoluten sittlichen Maßstabes vor; sodann daß er Humanität für eine Chimäre hält; und schließlich, daß er alle Affekte auf die Befriedigung sinnlicher Triebfedern zurückführt.
91. Essai sur les éléments (**1**, II), III. Objet et plan général.
92. Ib. IV. Méthode générale, qu'on doit suivre dans les éléments de la philosophie.
93. Discours préliminaire (**1**, I).
94. Ib. „L'univers, pour qui saurait l'embrasser d'un seul point de vue, ne serait, s'il est permis de le dire, qu'un fait unique et une grande vérité."
95. Ib. „L'obscurité s'empare de nos idées à mesure que nous examinons dans un objet plus de propriétés sensibles."
96. Mit besonderer Klarheit führt dies die Abhandlung aus „Traité de l'équilibre" (**3**).
97. Traité des systèmes, Ch. 2: De l'inutilité des systèmes abstraits.
98. Essai, IV und VI.
99. Ib. Eclaircissement XIV: „On voit, qu'elle n'est proprement que la notion d'indéfini, pourvu qu'on entende par ce mot une quantité vague, à laquelle on n'assigne point de bornes."
100. Ib. Ecl. I.
101. Brief an Voltaire vom 23. Juli 1770.
102. Essai. Ecl. II. Desgl. Discours préliminaire: „Gardons-nous pourtant, de souhaiter une révolution si redoutable; la barbarie dure des siècles; il semble, que ce soit notre élément: la raison et le bon goût ne font que passer." Dies Urteil klingt wie eine Prophezeiung auf die Verhältnisse unserer Zeit.
103. Mémoires et reflexions sur Christine, reine de Suède (**1**, IV).
104. Wenn Brunetière (**33**, t. III. Livre III. Ch. 3.) gegen diesen Anspruch der Enzyklopädisten ironisch bemerkt, zwischen einem geschichtlichen und einem mathematisch-physikalischen Faktum lasse sich vernünftigerweise gar keine enzyklopädische Beziehung konstruieren, so ist dies — wie so vieles, das von diesem Verfasser gegen die Aufklärer vorgebracht wird — oberflächlich geurteilt. Natürlich ist der Zusammenhang zwischen den Funktionen einer elliptischen oder parabolischen Kurve und einem römischen Senatskonsult dem S a c h g e h a l t nach nicht ohne weiteres einzusehen, aber in der M e t h o d e der Betrachtung und Erforschung mag er dennoch hervortreten, ist er tatsächlich im Laufe des 18. und 19. Jahrh. immer deutlicher — nicht zum mindesten unter dem Einflusse der Enzyklopädie — hervorgetreten; er bezeugt sich in der fortschreitenden Ausdehnung der naturwissenschaftlichen Betrachtungsweise auch über die geisteswissenschaftlichen

ANMERKUNGEN

Gebiete, gegen die erst in den letzten Jahrzehnten des vergangenen Jahrhunderts ein entschiedener Rückschlag erfolgte.

105. Voltaire hatte das Werk von Anbeginn freudig begrüßt und tatkräftig unterstützt. Er hat bis zum Buchstaben H mitgearbeitet, und eine ganze Reihe von Artikeln hat ihn zum Verfasser: Fornication, gazette, généreux, genre du style, gens de lettre, gloire, glorieux, grandeur, goût, grâce, hémistiche, heureux, histoire. In einem Brief an d'Alembert vom 9. Dezember 1755 heißt es: Adieu, Atlas et Hercule, qui portez le monde sur vos épaules! In einem andren vom Dezember 1756 nennt er die Enzyklopädie das größte und schönste Denkmal der Literatur, bald darauf sogar das größte Werk der Welt. Natürlich hindert ihn das nicht, an den Mängeln Kritik zu üben; er tadelt mit scharfen Worten das ungleiche Niveau der Mitarbeiter und Beiträge. Als die Widerstände sich mehren, beschwört er d'Alembert, sich nicht zurückzuziehen. Nach dessen endgültigem Rücktritt löst auch er sich von dem Unternehmen ab und verwertet den gewonnenen Impuls für seinen Dictionnaire.

106. Rousseau hatte den Artikel économie politique geliefert. Gegen d'Alemberts Artikel Genève, in dem er die Genfer zum Bau eines Theaters aufgefordert hatte, richtete Rousseau die „Lettre à d'Alembert sur les spectacles", womit der Bruch vollzogen war.

107. Turgot ist auch Mitarbeiter der Enzyklopädie gewesen. Er schrieb für sie die Artikel: Etymologie, existence, expansibilité, foire, fondation.

108. Im Discours sur l'histoire universelle (**29**, I).
109. Brief an Condorcet: „L'homme a besoin d'aimer."
110. **9**, VIII: „Le triomphe du Christianisme, fût le signal de l'entière décadence et des sciences et de la philosophie." V. Epoque.
111. Ib. X. Epoque.
112. **24**, I.
113. Ib. II.
114. Ib. II.
115. Ib. III.
116. Mably, De la législation (**21**, IX), I.
117. Ib. II: 2. „La nature a voulu, que l'égalité dans la fortune et la condition des citoyens fût une condition nécessaire à la prospérité des états."
118. „N'est-on que riche? On veut être grand. N'est-on que grand? On veut être riche. Est-on riche et grand? On veut être plus riche et plus grand encore."
119. Ib. I, 3.
120. Nicht ohne Berechtigung behauptet Mably, daß sich der Wiederherstellung der Gleichheit nicht bloß die Bedrücker, sondern auch die des Druckes gewohnten Unterdrückten widersetzen würden.
121. Ib. II, 1.
122. Ib. II, 3, 4.
123. L'introduction à la connaissance de l'esprit humain (**30**, I), XXIV.
124. Ib. LIII.
125. Ib. XLIII. „La préférence de l'intérêt général au personnel est la seule définition digne de la vertu."
126. Ib. XXIV.
127. Im äußersten Gegensatz zum Materialismus und Egoismus steht der Ausspruch: „L'âme est ce qui nous touche le plus."

ANMERKUNGEN

128. Eine Probe dieses Scharfblickes sind seine Bemerkungen zur Geschichte Europas in hundert Jahren, also etwa um 1900, wo es unter anderem heißt: „In hundert Jahren werden wir China viel mehr gleichen als jetzt. Es wird zwei scharf unterschiedene Religionen geben, die der Großen und Gebildeten, die des Volkes, die in drei oder vier mit einander in gutem Einvernehmen lebenden Sekten gegliedert sein wird. Priester und Mönche wird es in größerer Menge geben als gegenwärtig: mittelmäßig reich, unwissend und ruhig. Der Papst wird nicht mehr sein als ein angesehener Bischof, ein Fürst; man wird ihm seinen ganzen Staat nach und nach abgeknapst haben. Es wird große stehende Heere, aber fast gar keine Kriege mehr geben. Die Truppen werden manövrieren, um in der Parade zu glänzen, aber weder Soldaten noch Offiziere werden furchterregend oder tapfer sein. Sie werden gut geschniegelt aussehen — das ist alles ... England wird sich von Europa trennen, wie Japan von China; es wird sich mit Amerika wiedervereinigen, dessen größten Teil es besitzen, dessen Rest es im Handel beherrschen wird. Es wird überall Despotismus geben, aber einen Despotismus ohne Grausamkeit, ohne Blutvergießen. Einen Despotismus der Schikane, begründet auf Auslegung alter Gesetze, auf List und die Schlauheit der Höfe und Ämter."

129. Im Dialog „Les femmes" (14) bezeichnet er die Religion als das unterscheidende Merkmal zwischen Mensch und Tier. Der Mensch ist ein „animal religieux".

130. Considérations (11, I), VIII.

131. Ib. XII.

132. Lettres sur les systèmes (22, II) VII: „Un auteur systématique ne voit plus la nature, ne voit que son propre ouvrage."

133. Essai de cosmologie (22, I). Zum ersten Male hat Maupertuis dies Prinzip in einem Mémoire vom 15. Mai 1744 der Pariser Akademie der Wissenschaften vorgelegt.

139. Essai analytique (4, XIII—XIV), Ch. 15, 16.
nym Dr. Baumann in Erlangen veröffentlicht. Diderot polemisiert dagegen in seinen „Pensées sur l'interprétation de la nature". M. antwortete im Nachhang des Werkes: „Réponses aux objections de Diderot."

135. **5**, III. 2.

136. Ib. III, 2. u. 3.

137. **25**, I.

138. Ib. II.

139. Essai analytique (**4**, XIII—XIV), Ch. 15, 16.

140. Ib. Ch. 24 ff.

141. Hegels Konstruktion in seiner „Geschichte der Philosophie", wonach der französische Materialismus zur Gänze aus Condillacs Sensualismus hervorgegangen sei, wird sonach an Lamettrie hinfällig.

142. Traité de l'âme (**20**, I), Exposition.

143. Système d'Epicure (**20**, II), I.

144. Traité, Ch. VI.

145. Ib. Ch. II.

146. Ib. Ch. VII, VIII, IX.

147. Ib. Ch. X.

148. Ib. Ch. XII, 2.

149. Ib. Ch. XIII, 6.

150. Ib. Ch. XV: „Que la foi seule peut fixer notre organe sur la nature de l'âme raisonnable."
151. Ib. Ch. VI.
152. L'homme machine (**20**, III), passim.
153. Traité, II.
154. Système, II: „La plus petite portion de mouvement a suffi pour faire jouer la machine du monde."
155. Ib. III.
156. Ib. XVIII.
157. L'homme plante (**20**, II), I.
158. De l'esprit (**17**, II), Premier Discours, I. Ch.; De l'homme (**17**, III), Section III, 4.
159. De l'esprit, Deuxième Discours.
160. Ib. Deux. Disc. XXV. Ch.
161. Ib. Troix. Disc. II. Ch.
162. Ib. Troix. Disc. VI. Ch.
163. Ib. Troix. Disc. VII. Ch.
164. Ib. Deux. Disc. XXIV. Ch.
165. Ib. Deux. Disc. XVII. Ch., De l'homme, Sect. I, 10.
166. De l'esprit, Troix. Disc. IX. Ch.
167. De l'homme, Sect. II, 8.
168. Ib. Sect. III.
169. Ib. Sect. V, Ch. XI u. XIV.
170. Ib. Sect. IX, 9. „Le gouvernement est l'assemblage de lois ou de conventions, faites entre les citoyens d'une même nation."
171. Man vermutete dahinter Diderot und den genialen Physiker Lagrange.
172. **18**, I, 1.
173. Ib. I, 2.
174. Ib. I, 4.
175. Ib. I, 2.
176. Ib. I, 7.
177. Ib. I, 8.
178. Ib. I, 9.
179. Ib. I, 9, 10, 11.
180. Ib. I, 11. „L'éducation n'est donc que la nécessité montrée à des enfants. La législation est la nécessité montrée aux membres d'un corps politique. La morale est la nécessité des rapports, qui subsistent entre les hommes, montrée à des êtres raisonnables."
181. Ib. II, 1. Der vollständige Titel des II. Teiles lautet: De la divinité; des preuves de son existence; de ses attributs; de la manière, dont elle influe sur le bonheur des hommes.
182. Ib. II, 3.
183. Ib. II, 7.
184. Ib. II, 9, 10.
185. Ib. II, 11—14.
186. Cf. die in der Gesamtausgabe des Helvetius (**20**, IV) sich findende Skizze „Le vrai sens du système de la nature", eine übersichtliche Zusammenfassung der Grundmotive des „Système".
187. Ib. II, 6.
188. Der vollständige Titel lautet: Système social ou principes naturels de la morale et de la politique, avec un examen de l'influence du gouvernement sur les mœurs.

ANMERKUNGEN

189. Vgl. den Brief der Mme. d'Epinay an Galiani v. 12/I. 1773, in **15**, II, XLVIII.

190. Über dieses Mißverhältnis seiner seelischen Kräfte, besonders das zwischen Leidenschaft und Verstand, hat sich Rousseau selber im 3. Buch seiner „Confessions" (**27**, XIX, XX, XXXI) ausgesprochen.

191. Emile (**27**, VII—X), IV; Profession de foi du vicaire savoyard.

192. Diderot, im „Essai sur les règnes de Claude et de Néron".

193. Es hängt dies auch mit der grundverschiedenen Bewertung des L u x u s durch die verschiedenen Denker oder durch denselben Denker zu verschiedenen Zeiten zusammen.

194. Der Discours sur l'inégalité (**27**, I), Deuxième partie, beginnt mit dem berühmt gewordenen Satze: „Le premier, qui ayant enclos un terrain, s'avisa de dire, ceci est à moi, et trouva des gens avez simples pour le croire, fût le vrai fondateur de la société civile."

195. Ib. „Il me paraît donc certain, que non seulement les gouvernements n'ont point commencé par le pouvoir arbitraire, qui n'en est que la corruption, le terme extrême, et qui les ramène enfin à la seule loi du plus fort, dont ils furent d'abord le remède; mais encore que quand-même ils auraient ainsi commencé, ce pouvoir étant par sa nature illégitime, n'a pu servir de fondement aux droits de la société ni par conséquent à l'inégalité d'institution."

196. Vgl. **16**, I, Partie 2, 361.
197. Discours sur l'économie politique (**27**, I), II.
198. Ib. I.
199. Ib. III.
200. Hierzu **37**, 267 ff.
201. Contrat social (**27**, II), I, 6.
202. Ib. I, 8.
203. Ib. III, 1.
204. Ib. III, 16.
205. Ib. III, 15.
206. Ib. III, 18.
207. Ib. IV, 8.

208. In Emile, III, sagt Rousseau den bevorstehenden Sturz der Monarchien und den Ausbruch der Revolution voraus. Vgl. Confessions XI.

209. Emile, IV.
210. Ib.

211. Grimm hatte die Correspondence von dem bekannten Historiker Raynal übernommen.

Ebenfalls im SEVERUS Verlag erhältlich:

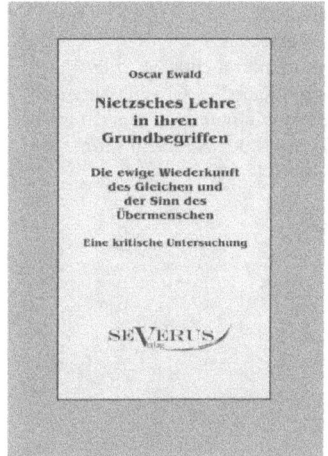

Oscar Ewald
Nietzsches Lehre in ihren Grundbegriffen: Die ewige Wiederkunft des Gleichen und der Sinn des Übermenschen
Eine kritische Betrachtung
SEVERUS 2011 / 152 S. / 39,50 Euro
ISBN 978-386347-043-2

In seinem ersten großen Werk setzt sich der Philosoph Oscar Ewald kritisch mit zwei Hauptmotiven aus Friedrich Nietzsches einflussreichem Schlüsselwerk *Also sprach Zarathustra* auseinander. Sein Erkenntnisinteresse gilt dabei dem scheinbaren Widerspruch zwischen der Idee des „Übermenschen" und dem Konzept der „ewigen Wiederkunft des Gleichen". Als Hauptproblem präsentiert sich hier die zeitliche Konstellation. Damit der Übermensch existieren kann, bedarf es der Unendlichkeit; diese jedoch würde der ewigen Wiederkunft des Gleichen im Wege stehen. Wie Ewald dieses Paradoxon letztendlich auflöst, ohne Nietzsches Argumentation blind zu folgen oder ihn zu diskreditieren, ist ein zeitlos aktuelles und höchst anspruchsvolles Lesevergnügen.

Oscar Ewald (1881-1940) war bis 1928 Privatdozent für Philosophie an der Universität Wien. Als religiöser Sozialist wurde er im Dritten Reich von den Nationalsozialisten verfolgt und floh nach Großbritannien.

www.severus-verlag.de

Ebenfalls im SEVERUS Verlag erhältlich:

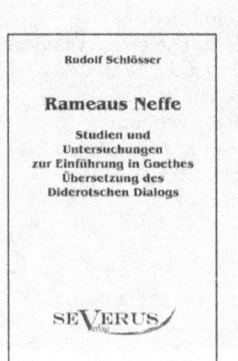

Rudolf Schlösser
Rameaus Neffe
Studien und Untersuchungen zur
Einführung in Goethes Übersetzung des
Diderotschen Dialogs
SEVERUS 2011/ 308 S./ 39,50 Euro
ISBN 978-3-86347-027-2

Bereits Mitte des 18. Jahrhundert verfasste Denis Diderot seinen satirischen Dialog „Rameaus Neffe". Aber erst 1805 erschien dieser auch in gedruckter Form, ins Deutsche übersetzt von Johann Wolfgang von Goethe. Die Irrungen und Wirrungen, durch die das Manuskript in Goethes Hände geriet, weshalb und wohin es nach der Übersetzung offenbar verschwand und nicht zuletzt die Probleme und Mängel, die bei den Rückübersetzungen des Werks ins Französische auftauchten, stellt Rudolf Schlösser in diesem Buch sehr unterhaltsam und leserfreundlich dar. Dabei spart der Autor, Privatdozent an der Universität Jena, nicht an meinungsstarken Aussagen und sarkastischen Randbemerkungen.

Auch noch gut hundert Jahre nach ihrer Erstveröffentlichung liest sich Schlössers Monographie sehr unterhaltsam und kurzweilig. Darüber hinaus ist sie dank ihres ausführlichen Glossars und Quellenverzeichnisses ein bestens geeignetes Referenzwerk für Freunde und Studenten der deutschen und französischen Literaturgeschichte.

www.severus-verlag.de

Bisher im SEVERUS Verlag erschienen:

Achelis. Th. Die Entwicklung der Ehe * **Andreas-Salomé, Lou** Rainer Maria Rilke * **Arenz, Karl** Die Entdeckungsreisen in Nord- und Mittelafrika von Richardson, Overweg, Barth und Vogel * **Aretz, Gertrude (Hrsg)** Napoleon I - Briefe an Frauen * **Ashburn, P.M** The ranks of death. A Medical History of the Conquest of America * **Avenarius, Richard** Kritik der reinen Erfahrung * Kritik der reinen Erfahrung, Zweiter Teil * **Bernstorff, Graf Johann Heinrich** Erinnerungen und Briefe * **Binder, Julius** Grundlegung zur Rechtsphilosophie. Mit einem Extratext zur Rechtsphilosophie Hegels * **Bliedner, Arno** Schiller. Eine pädagogische Studie * **Blümner, Hugo** Fahrendes Volk im Altertum * **Brahm, Otto** Das deutsche Ritterdrama des achtzehnten Jahrhunderts: Studien über Joseph August von Törring, seine Vorgänger und Nachfolger * **Braun, Lily** Lebenssucher * **Braun, Ferdinand** Drahtlose Telegraphie durch Wasser und Luft * **Brunnemann, Karl** Maximilian Robespierre - Ein Lebensbild nach zum Teil noch unbenutzten Quellen * **Büdinger, Max** Don Carlos Haft und Tod insbesondere nach den Auffassungen seiner Familie * **Burkamp, Wilhelm** Wirklichkeit und Sinn. Die objektive Gewordenheit des Sinns in der sinnfreien Wirklichkeit * **Caemmerer, Rudolf Karl Fritz** Die Entwicklung der strategischen Wissenschaft im 19. Jahrhundert * **Cronau, Rudolf** Drei Jahrhunderte deutschen Lebens in Amerika. Eine Geschichte der Deutschen in den Vereinigten Staaten * **Cushing, Harvey** The life of Sir William Osler, Volume 1 * The life of Sir William Osler, Volume 2 * **Dahlke, Paul** Buddhismus als Religion und Moral, Reihe ReligioSus Band IV * **Eckstein, Friedrich** Alte, unnennbare Tage. Erinnerungen aus siebzig Lehr- und Wanderjahren * Erinnerungen an Anton Bruckner * **Eiselsberg, Anton Freiherr von** Lebensweg eines Chirurgen * **Eloesser, Arthur** Thomas Mann - sein Leben und Werk * **Elsenhans, Theodor** Fries und Kant. Ein Beitrag zur Geschichte und zur systematischen Grundlegung der Erkenntnistheorie. * **Engel, Eduard** Shakespeare * Lord Byron. Eine Autobiographie nach Tagebüchern und Briefen. * **Ferenczi, Sandor** Hysterie und Pathoneurosen * **Fichte, Immanuel Hermann** Die Idee der Persönlichkeit und der individuellen Fortdauer * **Fourier, Jean Baptiste Joseph Baron** Die Auflösung der bestimmten Gleichungen * **Frimmel, Theodor von** Beethoven Studien I. Beethovens äußere Erscheinung * Beethoven Studien II. Bausteine zu einer Lebensgeschichte des Meisters * **Fülleborn, Friedrich** Über eine medizinische Studienreise nach Panama, Westindien und den Vereinigten Staaten * **Goette, Alexander** Holbeins Totentanz und seine Vorbilder * **Goldstein, Eugen** Canalstrahlen * **Griesser, Luitpold** Nietzsche und Wagner - neue Beiträge zur Geschichte und Psychologie ihrer Freundschaft * **Hartmann, Franz** Die Medizin des Theophrastus Paracelsus von Hohenheim * **Heller, August** Geschichte der Physik von Aristoteles bis auf die neueste Zeit. Bd. 1: Von Aristoteles bis Galilei * **Helmholtz, Hermann von** Reden und Vorträge, Bd. 1 * Reden und Vorträge, Bd. 2 * **Kalkoff, Paul** Ulrich von Hutten und die Reformation. Eine kritische Geschichte seiner wichtigsten Lebenszeit und der Entscheidungsjahre der Reformation (1517 - 1523), Reihe ReligioSus Band I * **Kautsky, Karl** Terrorismus und Kommunismus: Ein Beitrag zur Naturgeschichte der Revolution * **Kerschensteiner, Georg** Theorie der Bildung * **Krömeke, Franz** Friedrich Wilhelm Sertürner - Entdecker des Morphiums * **Külz, Ludwig** Tropenarzt im afrikanischen Busch * **Leimbach, Karl Alexander** Untersuchungen über die verschiedenen Moralsysteme * **Liliencron, Rochus von / Müllenhoff, Karl** Zur Runenlehre. Zwei Abhandlungen * **Mach, Ernst** Die Principien der Wärmelehre * **Mausbach, Joseph** Die Ethik des heiligen Augustinus. Erster Band: Die sittliche Ordnung und ihre Grundlagen * **Mauthner, Fritz** Die drei Bilder der Welt - ein sprachkritischer Versuch * **Müller, Conrad** Alexander von Humboldt und das Preußische Königshaus. Briefe aus den Jahren 1835-1857 * **Oettingen, Arthur von** Die Schule der Physik * **Ostwald, Wilhelm** Erfinder und Entdecker * **Peters, Carl** Die deutsche Emin-Pascha-Expedition * **Poetter, Friedrich Christoph** Logik * **Popken, Minna** Im Kampf um die Welt des Lichts. Lebenserinnerungen und Bekenntnisse einer Ärztin * **Prutz, Hans** Neue Studien zur Geschichte der Jungfrau von Orléans * **Rank, Otto** Psychoanalytische Beiträge zur Mythenforschung. Gesammelte Studien aus den Jahren 1912 bis

www.severus-verlag.de

1914. * **Rohr, Moritz von** Joseph Fraunhofers Leben, Leistungen und Wirksamkeit * **Rubinstein, Susanna** Ein individualistischer Pessimist: Beitrag zur Würdigung Philipp Mainländers * Eine Trias von Willensmetaphysikern: Populär-philosophische Essays * **Sachs, Eva** Die fünf platonischen Körper: Zur Geschichte der Mathematik und der Elementenlehre Platons und der Pythagoreer * **Scheidemann, Philipp** Memoiren eines Sozialdemokraten, Erster Band * Memoiren eines Sozialdemokraten, Zweiter Band * **Schweitzer, Christoph** Reise nach Java und Ceylon (1675-1682). Reisebeschreibungen von deutschen Beamten und Kriegsleuten im Dienst der niederländischen West- und Ostindischen Kompagnien 1602 - 1797. * **Stein, Heinrich von** Giordano Bruno. Gedanken über seine Lehre und sein Leben * **Strache, Hans** Der Eklektizismus des Antiochus von Askalon * **Thiersch, Hermann** Ludwig I von Bayern und die Georgia Augusta * **Tyndall, John** Die Wärme betrachtet als eine Art der Bewegung, Bd. 1 * Die Wärme betrachtet als eine Art der Bewegung, Bd. 2 * **Virchow, Rudolf** Vier Reden über Leben und Kranksein * **Wecklein, Nikolaus** Textkritische Studien zu den griechischen Tragikern * **Weinhold, Karl** Die heidnische Totenbestattung in Deutschland * **Wernher, Adolf** Die Bestattung der Toten in Bezug auf Hygiene, geschichtliche Entwicklung und gesetzliche Bestimmungen * **Weygandt, Wilhelm** Abnorme Charaktere in der dramatischen Literatur. Shakespeare - Goethe - Ibsen - Gerhart Hauptmann * **Wlassak, Moriz** Zum römischen Provinzialprozeß * **Wulffen, Erich** Kriminalpädagogik: Ein Erziehungsbuch * **Wundt, Wilhelm** Reden und Aufsätze * **Zoozmann, Richard** Hans Sachs und die Reformation - In Gedichten und Prosastücken, Reihe ReligioSus Band III

www.severus-verlag.de

www.ingramcontent.com/pod-product-compliance
Lightning Source LLC
Chambersburg PA
CBHW070831300426
44111CB00014B/2523